시인하우스

2024 상반기

문학과 건축 | 김호운 외 3인
신작시 | 이건청 외 81인
연재산문 | 길상호

황규태, Pixel ai Pixy heart #2, 120x150cm

황규태, Pixel ai Pixy heart #3, 120x150cm

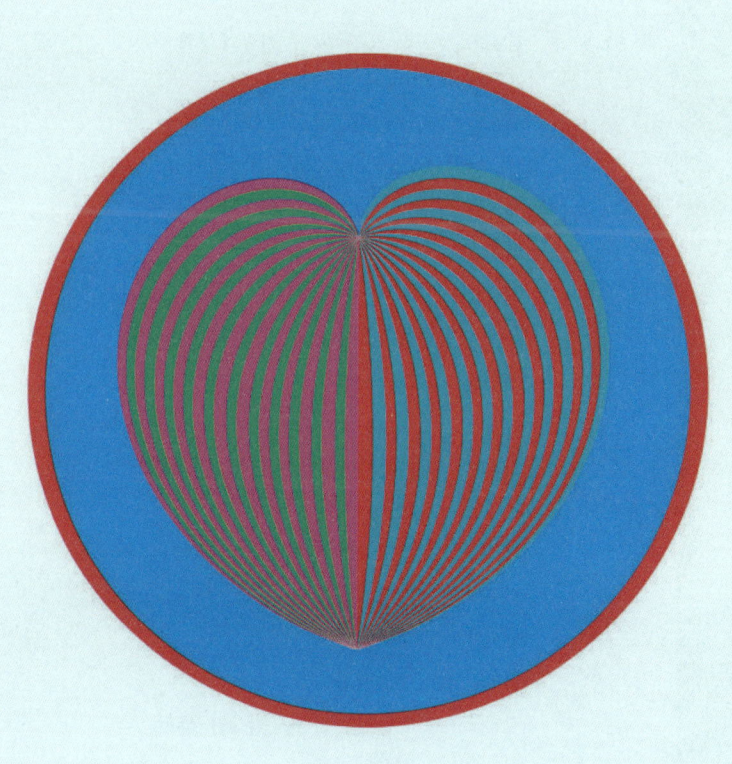

차례

기획특집　문학과 건축

014	김호운	집, 그 집에 사는 사람의 향기
020	나금숙	건축은 공간에 쓰는 시
030	이종성	건축, 예술을 짓고 문학을 담다
039	장수철	우리 시대 문학과 건축 사이의 행간 읽기

시　1부

052	강서완	백자
055	곽인숙	그리운 양파
057	김 겸	근기根氣
060	김계영	겨울눈 이야기
062	김광명	다운사이징
064	김금용	남기는 말씀
066	김 루	봄, 1022 지방도
068	김무영	갈비
070	김선아	후유증
072	김성철	아득한 봄
074	김송포	반달에 달은 없고 반지가 웃다
076	김 승	시간의 종점
079	김신영	떡볶이는 먹고 싶은 포도청
081	김연아	메두사의 아름다움
084	김영찬	붓순나무에 테르자 리마 *Terza Rima*
088	김옥경	아이 무서워, 해골바가지

김왕노	아리랑고개	091
김 윤	대림역	093
김은옥	물음표 관찰자 시점	096
김은정	동안	098
김인숙	고집과 억지라는 이름의 여자	100
김지헌	고장난 파라솔	102
김진돈	개롱공원	104
김찬옥	조르바에게 보내는 편지	107
김추인	사하라의 그림자	114
김혜천	늪	116
나금숙	몽촌夢村	118
동시영	춤추는 물컵	120

시   2부

류미야	정오의 산책	128
문봉선	곶감	130
박남희	공무도하	133
박이영	달빛기행	136
박재화	어떤 방백傍白	138
박철웅	미아리 텍사스	144
백우선	팔레스타인 피에타	146
서안나	밤의 성분	147
서영택	고양이가 나를 따라온다	149
설태수	하얀 악어	151
손석호	애인	153

155	신원철	불면
156	안경원	다시 생각을 버리고
158	우남정	거북아 거북아 머리를 내놓아라
160	유미애	초콜릿 먹는 밤
162	윤재성	원정
164	이건청	천둥 번개 덧쌓인 바윗길에서
166	이기현	빛과 사랑과 당신
169	이나명	슬픈 꿈
171	이미산	(여름 끝에 찾아온……) 봄
173	이수영	삶의 기쁨, 앙드레 브라질리에
174	이순현	다시 보러 갔다
176	이영식	그늘줍기
178	이영춘	상처
180	이종성	두루미의 거울나기
182	이재무	미루다
184	임동확	침묵의 소리

시 3부

188	임희숙	찰나의 메기
190	장영남	빛의 직진
192	장인무	회전문의 방정식
194	장혜승	어깨동무
197	전순영	모퉁이
200	전형철	배화拜火
202	정상하	오늘은 좀 추웠어

정숙자	공우림호友林의 노래 · 49	204
정시마	크리스마스이브에서 시작된 봄	206
정영선	그의 고요는 어디에서 오는가	208
정채원	변명	210
조말선	백지를 빠져나가는 방법	212
조은솔	별명의 자화상	214
조창환	세상은 다시 평온해졌다	217
조희진	스탠더드 크리켓	219
채종국	별스런	222
최규리	너무 익어버린 레몬	223
최금녀	나의 정신은 오직 나의 다리와 함께 장자크루소	224
최동은	그럼 우리 어디로 가지?	226
최문자	얼굴 Before, After	228
최형심	내 안의 개를 죽이는 밤	230
표규현	현대기원	232
하두자	혜화동	233
한소운	푸코와 열애 중	235
한이나	얼음 강물 위를 걷는다	237
한정순	꽃밭에서 넘어진 죄	238
홍일표	숨바꼭질	240

연재산문

길상호	개발을 따라 걸으며	244

기획특집

문학과 건축

김호운
나금숙
이종성
장수철

집, 그 집에 사는 사람의 향기
―문학과 건축의 상호 연결 텍스트

김호운

 문학과 건축의 상호 연결이 가능할까? 문학은 문과(文科)에 속하고 건축은 이과(理科)에 속한다. 문과와 이과를 한 그릇에 담을 수 있는 상호 연결 텍스트는 무엇일까. 그것은 바로 문리(文理)다. 문리는 사물의 이치를 깨달아 안다는 의미다. 우리가 학문을 하고 예술을 이해하는 건 문리를 얻기 위해서며, 이 문리는 우리가 살아가는 데 필연적으로 가져야 하는 지혜이기도 하다. 문(文)과 이(理)가 만나는 가장 좋은 접점이 문학과 건축이다. 둘은 전혀 어울리지 않을 듯 낯설면서도 그 속내가 매우 닮았다. 문학이 인간을 탐구하는 예술이자 인문학의 하나인데, 건축은 바로 그러한 인간이 살면서 삶을 만들어 가는 공간이다. 또한 둘 다 고정된 사물 형태를 가지면서도 마치 살아있는 생명체처럼 스스로 변하면서 자란다.
 세상이 많이 변했다. 서로 가까울 것 같은 사물이 멀어지고 전혀 어울리지 않을 것 같은 대상들이 서로 융복

합 통섭(統攝)하며 새로운 문명과 문화를 창출시킨다. 문학과 건축이 어울리고 경제와 문화가 어울려 컬처노믹스(culturenomics)를 만든다. 이것이 21세기의 얼굴이다.

 나는 가끔 소설 창작 강의를 하면서 소설 구성과 문장 수업에 건축을 빗대어 설명하기도 한다. 집을 짓기 위해서는 튼튼한 땅이 있어야 하고, 벽돌을 비롯한 여러 건축 자재가 필요하며, 무엇보다도 이 집에 누가 살 것인가를 살펴 그들이 안전하고 행복하게 생활할 수 있는 공간을 설계하여야 한다. 여기에다 집만 덩그러니 짓는 게 아니라 주변 자연환경과 이웃과의 관계가 조화를 이루어야 한다. 더 나아가 아름다움을 연출하면 금상첨화다. 문학 작품 창작도 이와 같다. 한 예로 집을 짓기 위해 필요한 벽돌을 수요만큼 확보해서 쌓아 놓는다. 이는 문학에서 문장을 만들기 위해 필요한 언어(단어)를 쌓아두는(어휘력 확보) 것과 같다. 이때까지는 벽돌과 단어는 단순히 건축 자재의 하나며 문장을 구성하는 단어 하나에 불과하다. 그러나 집을 짓기 시작하면 이 벽돌은 모두 다른 의미가 부여되며 다른 역할을 하게 된다. 반드시 제 위치에 자리 잡아서 그 벽돌만이 갖는 역할을 만들어야 한다. 만약 그 벽돌이 부실하거나 그 자리에서 제거되면 건축물 전체가 흔들린다. 건축물에 배치된 벽돌은 모두 똑같이 생겼으나 실제는 각각 그 의미와 활용이 다르게 바뀐다. 문학에 이용하는 단어도 이와 같다. 어디에 어떻게 배치하느냐에 따라 그 단어는 의미와 역할이 달라진다. 따라서 반드시 그 문장 그 자리에 들어가는 단어는 단 하나뿐이다. 그 단어를 찾아서 그 자리에 배치하는 일이 좋은 문장을 만드는 비결이다, 그리하여 훌륭하게 건축된 그 집에 사는 사람들은 안락하고 안전하고 행복한 삶을 누리며, 마찬가지로 새로운 소재와 신선한 구성으로 잘 만들어진 문학 작품은 그것을 읽는 독자에게 자기만의 새로운 체험으로 삶의 향기를 만들며 행복하게 살아가게 한다. 따라서 독자들에게는 문학 작품 한편이 잘 지은 집 한 채와 같으며, 자기가 만든 그 집에서 행복하게 산다.

이리하여 나는 건축물에 관심이 생겨 이와 관련한 책을 구해 읽기도 하고, 건축물을 보기 위해 여행을 떠난 적도 있다. 집을 지으려고 갖는 관심이 아니라 '그 집'에 사는 사람들에게 호기심이 생긴 것이다. 어느 날 우연히 각기 모양이 다른 집들을 보면서 '저 집에는 어떤 사람이 살까?' 하는 호기심이 생겼다. 각자 자신의 개성에 맞게 집을 짓거나 좋아하는 모양의 집을 구해 살고 있을 테지만, 어떤 집이든 그 집에 살게 되면 집이 사람을 닮아가고 사람이 집을 닮아간다는 사실을 발견했다. 모두 다 그런 건 아니겠지만, 초가(草家)에 사는 사람과 기와집에 사는 사람, 양옥에 사는 사람과 한옥에 사는 사람, 아파트에 사는 사람과 단독주택에 사는 사람은 어딘가 성품이 좀 다르다. 도시에 사는 사람과 농어촌에 사는 사람들, 이렇게 사는 곳과 집 모양에 따라 '이러이러한 사람이 살 것이다'라고 미루어 짐작해 보면 대개 짐작한 대로 맞았다. 그래서 관련 책을 찾아 읽다가 '집이 곧 사람이다.'라는 등식을 발견했다. 건축물을 보기 위해 떠난 여행이 결국 다양한 사람을 만나기 위해 떠난 여행이 되었다.

집을 한자로는 家(가)라고 쓴다. 집 가(家)다. 이 글자를 파자(破字)하면 宀(집 면)과 豕(돼지 시)로 나뉜다. 상형으로 보면 집(宀)에 돼지(豕)가 산다는 뜻을 품고 있다. 집에 왜 사람이 아닌 돼지가 살고 있을까. 여러 가지 이야기가 전한다. 옛날 인간이 동굴에 살 때 뱀에게 물려서 죽거나 다치는 사람이 생겼는데 돼지와 함께 사니 그런 일이 없어졌다. 피부 지방층이 두꺼운 돼지는 뱀에게 물려도 끄떡없었으며 오히려 잡식성인 돼지가 뱀을 잡아먹었다. 사람이 보호받기 위해 집안에 돼지를 길렀다는 뜻풀이가 설득력 있다. 또 다른 이야기는 듣기에 좀 거북하긴 하지만 집에 사는 사람이 돼지처럼 변했다는 것이다. 알고 보면 돼지는 참 깨끗하고 영리한 동물이다. 사람이 가축으로 기르면서 돼지를 탐

욕스럽고 지저분한 동물로 만들어버렸다. 소나 개 같은 가축과 달리 오직 살찌워서 고기로 팔기 위해 기르면서 돼지를 그렇게 만들어버렸다. 아무러하든 家(가)는 누가 사느냐에 따라 사람의 집이 되기도 하고 돼지의 집이 되기도 하는 묘한 관계를 나타내는 글자다. 이렇듯 집은 인간을 위해 특화 되어왔다.

하늘을 나는 새는 사람처럼 휴식을 취하거나 가족들이 모여 살기 위해서가 아니라 알을 낳고 새끼를 기르기 위해 집을 짓는다. 새끼가 성장하여 둥지를 떠나면 그 집은 빈 둥지가 된다. 다음 해에 새끼를 치려면 어미 새는 새로운 둥지를 또 만든다. 따라서 어미 새는 그때그때 새끼가 안전하고 안락하게 자랄 수 있도록 자리를 찾아 둥지를 짓는 것이다. 새 종류마다 집 모양이 다르고 집을 짓는 장소도 다르다. 그래서 새집을 보면 어떤 새 둥지인지 알 수 있다. 제 성격과 습성에 따라 집을 짓기 때문이다.

신동엽 시인의 작품 「껍데기는 가라」에서 '껍데기'는 '나'를 감싸고 있는 몸, 즉 위선과 가식으로 포장된 사람들의 모습이다. 그러고 보면 결국 우리의 몸 역시 집[家]이다. 집(몸)을 어떻게 짓느냐에 따라 그 집에 사는 사람의 성품이 만들어진다. 바꾸어 말하면 그 몸(집)에 사는 사람의 성품에 따라 겉으로 드러난 집(모습)이 달라진다. 이 작품에서 말하는 '껍데기'는 겉치레 옷이 아니라 행동하는 몸을 말한다. 몸은 그 안에 사는 사람의 품성에 따라 모습이 달라 보인다. 그래서 말과 행동이 사람마다 다르다. 그러하므로 몸(집)을 보면 그 안에 사는 사람의 됨됨이를 알 수 있다. 좋은 둥지에는 좋은 사람이 산다. 우리는 그렇게 평생 좋은 나의 둥지를 만들며 살아간다.

이처럼 문학과 건축, 인간의 삶은 마치 실존철학을 사물화하는 것처럼 하나의 조형물이 되며, 동시에 모두 살아있는 생명체가 되어 유기적으로 상호 연결하는 텍스트가 된다. 따라서 문학, 건축, 그리고 인간의 삶은 존재하는 한 그 가치와 아름다움을 최고의 선(善)으로 이루어져야 하며, 그리하면 살아있는 생명체가 되어 스스로 그 의미를 재생산(再生産)하면서 앞으로 나아간다. 그래서 문학과 건축은 예술이 된다. 또한 문학을 존경하고 건축을 사랑하는 사람은 그 삶이 향기롭다.

*칼럼집 『나비를 잡는 아이의 마음』(김호운, 한국문학신문, 2024)에 수록한 「집, 그 집에 사는 사람」 내용을 일부 인용하여 재구성함.

김호운
1978년 『월간문학』 소설 당선, 2021년 『리더스에세이』 수필 등단. 장편소설 『님의 침묵』 『바이칼, 단군의 태양을 품다』, 소설집 『사라예보의 장미』 등, 에세이집 『연꽃,미소』, 칼럼집 『나비를 잡는 아이의 마음』 등 작품집 30여 권 출간. 현재 한국문인협회 이사장.

건축은 공간에 쓰는 시

나금숙

1.

"건축을 사랑하라. 옛것과 새것 모두를, 환상적이며, 모험적이며 절대적인 그 창조의 속성으로 인해 건축을 사랑하라. 그것이 발명품임으로 인해, 우리의 느낌을 황홀하게 하며 우리의 영혼을 매혹시키는, 추상적이며 암시적이며 상징적인 그 형태로 인해, 우리 삶의 무대이며 기반인 건축을 사랑하라… 침묵으로 인해 건축을 사랑하라. 그 속에 음향과 은밀함과 강한 노래가 감추어진 침묵으로 인해."

오래전, 지오 폰티의 저서『건축예찬』의 이 서두를 처음 읽을 때의 전율을 생생하게 기억한다. 그의 예찬처럼 건축은 공간에 쓰는 시이다. 시를 일러 절 한 채 짓는 것으로 말해온 예로부터의 시각에서도 시와 건축은 오묘한 유기적인 관계를 갖고 있다. 더구나 문학의 집요한 추구인 "관계"에 대한 조명이 건축에서도 강조되고 있다. 백남준이 퐁피두센터 개관기념전에 초대된 후 가진 인터뷰에서 "인간이 무엇을 발명해 낸 일은 한 번도 없었습니다. 다만 인간은 새로운 관계를 설정할 뿐이지요."라고 말한 것처럼, 건축이든 문학이든 그것은 관계에 대한 다양한 조명이다. 종묘의 월대나 병산서원의 만대루를 보면 아무것에도 구애받지 않고 무한을 향해 비어 있고 열려있는 형태 없는 공간을 느끼게 된다. 그러나 그 빈 공간은 우주의 질서로 가득 차 있다. 바람과 햇볕 속에 고요한 그곳은 우주의 기운으로 채워져 있고 그 기운은 우리의 깊은 곳과 조우한다. 언어가 여백 위에서 이러한 질서와 기운의 구조물을 구축하게 될 때, 시인 작가들은 새로운 창조로 인해 마음이 설렌다.

2024년도 9월까지 서울 국립현대미술관에서 조경 전시를 열고 있는 1세대 조경의 대모 정영선 조경가는 여의도 샛강을 주차장으로 만들겠다고 할 때 눈앞이 캄캄했다고 한다. 한강을 인위적으로 개발한 것도 억울한데 샛강까지 그렇게 만든다니 그래서 그는 공무원들한테 김수영 시인의 '풀'을 읽어줬다고 한다. 우리나라 최초의 생태 공원인 여의도 샛강 생태 공원은 그의 고집과 집념으로 완성됐다. 그 절체절명의 시점에서 김수영의 시詩를 공무원들에게 읽어줬다는 것은 우리에게 많은 것을 시사한다.

이렇듯 건축과 문학, 더 확장해서 건축과 인문학은 서로를 받쳐주고 있다.

사람의 숨결과 이야기를 중시하는 건축가 승효상은 그의

책 『빈자의 미학』에서 인문의 도시, 인문의 건축을 강조한다. 그는 건축을 굳이 어떤 장르에 집어넣으려면 인문학이라고 주장한다. 그에 의하면 도시는 완성되는 게 아니라 생물체처럼 늘 변하고 진화한다. 도시의 길은, 그 길이 아무리 좁고 구부러졌다고 해도 오랜 시간을 지탱해 온 이상, 우리 공동체의 역사를 기록한 기억의 보물 창고이며 살아있는 박물관이라고 말한다. 건축과 도시의 인문성과 공공성을 강조하는 그는 "덜 미학적인, 더 윤리적인" 슬로건을 제시하는데 이런 선언에 어울리는 사례로서 우리의 선조들의 집을 든다. 우리 선조는 집을 지을 때 늘 자연과 건축과 인간 간의 관계를 염려했으며, 집은 그 관계를 잇는 고리 역할이었을 뿐 그 자체가 목적이 아니었다. 기능 중심의 공간인 서양의 주택과 달리 우리 전통 주택의 방과 마당은 다양한 활동을 수용할 수 있는 열린 공간이었다. 한편, 그는 우리가 건축을 만들지만 그 건축이 다시 우리를 만든다고 말한다. 교회와 사찰이 시장보다 더 상업적인 곳으로 변하고 만 우리의 도시에서 마음을 고요케 하는 성소를 찾는 일이 쉽지 않음을 아쉬워한다. 잘 알려진 바와 같이 승효상은 이런 자신의 건축 및 도시관을 '빈자의 미학'으로 표현한다. 그가 말하는 '빈자의 미학'은, 가난한 이가 아니라 가난하고자 하는 이들을 위한 건축 방법론이다. 그는 쉼 없이 "경계 밖으로 스스로를 추방하는 자"이기를 다짐하는 우리 시대 고독한 건축가이고자 한다. 이런 측면에서 이 시대, 어디에도 눈에 보이는 효용성을 갖지 못하는 시詩의 위상과 많이 닮아있지 않은가? '우리가 건축을 만들지만 그 건축이 다시 우리를 만든다'는 그의 깨달음과 제언은 얼마나 유효적절한가? 우리가 시를 쓰지만 시는 다시 우리를 만든다고 말할 수 있어야 한다. 그러기 위해서 시를 쓰는 우리들은 언제 어디서나 주체의 탈중심화는 물론, 경계 밖으로 달아나는 자아를 견지해야 한다.

2.

20세기의 가장 유명한 미국 건축가인 프랭크 로이드 라이트(1867~1959년)는 프레이리 양식을 발전시켰다. 프레이리 양식은 자연 자재를 사용하며, 길고 천장이 낮은 건물의 벽 위에 아무런 지지물 없이 떠 있는 듯한 지붕이 특징이다. 1935년 피츠버그의 백화점 소유주인 에드거 J. 커프먼은 라이트에게 펜실베이니아 서부 산속에 자신과 가족을 위한 휴양용 별장을 지어달라고 의뢰하였다. 커프먼 가족은 베어런이라는 이름의 하천이 폭포로 변하는 숲속을 좋아하였고, 자신들의 집도 이러한 입지의 아름다움을 반영하기를 원하였다. 그러나 라이트는 단순히 자연 풍경을 바라보는 것보다는 그 풍경 안에서 살 수 있는 집을 짓자는 것이었다. 석회암 말뚝과 건물 뒤편의 거대한 돌 굴뚝으로 땅에 단단히 고정한 후, 수평 콘크리트 면을 물 위에 걸쳐놓아 9미터 아래 흐르는 물이 비쳐 보이게 했다. 유리벽은 실내와 숲 사이에 경계벽이 없다는 사실을 강조하였다. 폴링워터는 그야말로 폭포 위에 지은 집이다. 라이트는 그 독특하고 시간을 뛰어넘는 건축물을 위해 중대한 위험을 감수해 냈고, 주변 배경의 고요함에 이상적으로 어울리는 우아한 단순미를 창조해 냈으며, 자연 풍경에 대한 열정을 완전하게 구현해 냈다.

아이코닉 어워즈 2023 Innovatie Architecture 부문에서 올해의 건축가로 선정된 소우 후지모토 아키텍츠는 전 세계적으로 잘 알려진 일본의 건축가이다. 올해의 건축가 선정 이유에 대해 심사위원은 "벽이 없는 집이나, 풍경 위에 리본처럼 나부끼는 지붕들, 수많은 테라스로 구성된 입면 등을 통해 소우 후지모토는 언제나 고정 관념을 탈피하고, 현대 건축에서 점점 사라지고 있는 다양한 가치를 창출한다"라고 설명했다. 소우 후지모토가 거듭해서 증명하고 있는 것은 바로 '건축은 자연'이라는 개념으로, 건축가의 손에서 건축물은 자연을 훼손하는 존재가 아니라 동행하는 존재로 거듭난다. 현재 도시와 건축가가 해결해야 할 문제에 대해 꾸준히 창의적인 해법을 그려가는 소우 후지모토 아키텍츠가 만들어 갈 앞으로의 풍경이 더욱 기대된다.

"제게 공간을 인식한다는 것은 '공동체 사회 전체'를 인식하는 것입니다. 현재, 건축적 접근 방식은 사생활을 강조하고 사회적 관계가 필요하다는 것을 부정하고 있습니다. 그러나 우리는 사회적으로 건축 공간에 함께 살면서도 문화, 삶의 조화를 촉진하고 고유한 개인의 자유를 존중할 수 있습니다." (야마모토 리켄)

건축계의 노벨상이라고 불리는 프리츠커상 올해 2024수상자인 야마모토는, 다양한 정체성, 경제, 정치, 사회를 기반으로 하여 이미 만들어진 주택 시스템 안에서 사회에 영감을 주면서 공적 영역과 사적 영역 사이에 친밀한 관계를 만드는 공간을 설계하는 건축가다.

야마모토는 공동체 사회를 "하나의 공간을 공유하는 감각"으로 정의하고, 현대의 주거 공간을 이웃과의 소통 기회를 없애고 상품으로 전락시키는 것을 거부한다. 그는 '자유'와 '사생활'에 대한 기존의 틀을 깨트리는 건축가로, 그의 건축물은 단순하고 간결한 모듈식 모더니즘 양식을 통해 미래 사회가 요구하는 모습으로 삶이 발전될 수 있도록 문화, 역사, 전 세대의 시민들을 예민하게 연결한다. 그의 작품은 '경계'를 공간으로 다시 생각하게 만든다. 공적 영역과 사적 영역 사이 문턱을 활성화하고, 우연한 만남을 만드는 공간들이 마련되어 있다는 것이 그의 프로젝트에서 볼 수 있는 가장 큰 특징이다. 그의 대표작은 '히로시마 소방서(2000년)'이고, 주민들 사이에 소통의 폭을 넓히기 위하여 사방을 유리로 처리한 현관홀을 가진 국내의 '판교 타운하우스(2010년)' 역시 야마모토의 건축 철학을 보여주는 대표적인 건축물이다.

3.

건축은 마치 소설처럼 시작하여 절제된 테두리 안에서 하나의 시처럼 집약되어 탄생한다. 건축물 외에 이 종합적인 형태를 표현할 다른 언어가 없다. 공간은 의미를 부여하여 가둬두지 않으면 언제든지 떠날 준비를 하고 있다. 그 공간이 다양한 모습을 하고 다가온다 하더라도 그것은 우리가 거할 동안뿐이다. 벽을 다 허물고 그 공간을 이뤘던 최소한의 틀만을 남겨둔다 하더라도 공간은 머무르지 않고 언제든지 가버린다. 르코르뷔지에가 건축은 어떤 형식과도 아무런 관계가 없으며 부인의 머리에 있는 새털과도 같은 것이라고 말한 의미가 이것인지도 모른다.

한편, 안도 다다오가 외부와 내부의 공존을 추구해 예배를 드리는 교회 내부에서 사계절의 변화를 경험하게 하듯

이 '공간의 자유'를 꿈꾸는 많은 현대의 건축가들이 공간을 해체하고 있다. 전통적인 건축의 표현 양식에 의문을 던진 베르나르 츄미의 라 빌레트 공원이 그 한 예이다. 도축장이라는 혐오시설을 시민들의 친화 공간으로 바꾸기 위한 시도는 맥락주의자들의 이상에 반대하며, 기억과 맥락을 모두 흔들어놓는 데 그 목적이 있다고 츄미는 의도한다. 그 건축물은 초록 잔디 위에 35개의 붉은 폴리를 심어 건축물이라기보다는 조형물로 보인다.

　자크 데리다가 거주의 실용성이 전혀 없어 보이는 츄미의 공간 해석에 대해 언급한 것을 읽어보면 건축가들이 시인과 닮아있을 뿐 아니라 그 표현과 행동 양식에 있어서 시인의 저 너머에 가 있음을 깨닫게 된다. 데리다는 츄미의 작업에서, 공간적인 부재의 현전모델로 플라톤의 '티마이오스'에 등장하는 코라Chora라는 개념을 제시한다. 코라는 비어있는 듯 보이지만 비어 있는 것이 아닌 장소로 모든 것이 자리 잡을 수 있고 각인될 수 있는 스페이싱Spacing이다. 또한 코라는 모든 것을 받아들이고 모든 것에 장소를 주지만 이렇게 받아들여지고 새겨지는 것들을 또한 자동적으로 비워버리고 마는, 모든 것으로부터의 낯선 외부적인 장소를 의미한다. 결국 장소 아닌 장소인 코라는 '의미화'와 '고정점'의 공간적 치환으로 볼 수 있다. 사실상 코라는 언어나 건축에서 의미작용으로서의 이미지인 장소로, 꿈이나 무의식을 명시하는 변환의 장소이다.

이렇듯 "건축물에는 건축이 없다"고 하는 루이스 칸의 말처럼 기능만을 가진 건축물이 아닌 건축은 심리적이며 철학적이다. 건축가의 내면을 형태와 재료로 표현해 내고 있기 때문이다. 이 주제를 쓰려고 관련 서적을 읽다 보니 건축의 세계가 언어로만 집을 짓는 문학의 한계를 훨씬 벗어나 수많은 형태에의 도전과 수용과 해체가 있다는 것을 알게 되었다. 끊임없이 현재를 부정하고 미래를 추구하는 건축가 그들의 능력과 혜안과 무모한 질문에 경탄을 보낸다. 시를 쓰고 있는 나는 그들에 비해 웅지도 안목도 너무 왜소하다고 깨닫고 이제라도 내 문학의 새로운 장을 열어보리라 부지중에 다짐했다. 부족한 글이지만 이 정도만 읽어도 건축과 문학이 얼마나 깊은 내재적인 유대를 갖고 있는지 알 수 있다. 안주하는 시인들이 본받아야 할 건축가들의 변화무쌍함이란!

구약의 에스겔서를 보면 에스겔이 본 이상異像, vision 중에 '건축에 대한 이상'이 나온다. 포로로 끌려간 타국 바벨론의 그발 강가에서, 북풍과 구름과 번쩍이는 불 가운데 하늘이 열려 에스겔이 본 것을 쓴 이 신비한 책에는 '하나님의 성전 건축'에 대한 상세한 묘사가 나온다. 성전과 성전의 크고

작은 골방, 계단의 치수까지 상세하게 기록되어 있다. 바깥 뜰과 안 뜰, 박석 깔린 길, 제단, 30 개의 골방들, 뒤뜰에 있는 건물, 벽들, 문들, 분향단, 거룩한 방들, 번제물을 씻고 삶는 장소가 수치까지 세밀하게 나온다. 이 예언서에서 건축물과 부속 시설들은 깊고 풍부한 영적 의미를 상징하고 있다. 건축 구조물들과 그 안배와 수치들은 우리와 신과의 연합mingling을 나타내고 있다. "건축"이라는 말의 의미가 단지 거주하는 처소가 아닌, 우리 존재가 살아 있는 건축 재료이며, 서로 안에 건축되어 가고 있는 유기적인 생명 활동에 주목하고 있는 사상이 있음을 알게 된 것은 내 삶을 전환하는 새로운 탄생의 시점이었다는 것을 밝히며 글을 맺고 싶다. "건축과 문학"이라는 광범위한 주제가 실은 온 우주와 시공을 왕래하는 대주제임을 재삼 확인하는 데서 우선 끝맺고 후일 더 쓸 것을 기약해 본다.

나금숙
시인. 본지 부주간

건축, 예술을 짓고 문학을 담다

이종성

물리적 공간이 예술적 공간으로 변화되는 매개는 무엇일까? 생각을 형태로 표현하는 것이 건축이라면, 건축은 과학적 근거를 바탕으로 한 생각이 구체적이고 실질적으로 표현되어야 한다. 그런 면에서 건축은 인체공학적이다.

'악천후를 피할 수만 있다면 어디라도 좋다. 지금 당장은 이 동굴에 의탁하고 함께 모여 살아야 한다. 보라, 바깥은 저렇게 매머드(mammoth)가 뛰어다니고 야생의 동물들은 거칠기만 한데 우리는 너무 작다. 지금은 우선 모닥불을 피우고 언 몸을 녹이며, 이 눈발이 그치기를 기다리자. 언젠가는 저 야생의 들판과 넓은 구릉지에 우리가 꿈꾸는 집을 짓고, 우리가 주인으로서 멋지게 살아가게 될 거다. 지금은 이 허기부터 달래자꾸나.'

원시인들이 살았던 한 시대를 가상해본 정경이다. 이 단면에서 보는 인간의 제1 명제는 생존이다. 의식주는 최소한의 생존을 담보하는 필수 요소다. 그를 위하여 인류는 끊임없이 문명을 발전시켜왔다. 음식과 옷도 당장 필요한 것이지만 그보다 더 항구적인 것은 집이라고 하는 건축에 의해 인간은 거시적인 영속성을 갖게 된다. 선사시대 이래 인간의 건축 역사를 상고해 보면, 최초로 나타난 인간의 집 형태인 원시주거는 '움집'이었다. 아주 오래되었지만 따지고 보면 오늘날의 현대 도시에도 그 모양이나 방식이 조금 바뀐 것뿐인 '반지하'라는 엄연한 주거 형태로 남아 있다. 내력벽에 대한 개념이 없었던 때라 단순히 땅을 파서 자연스럽게 나타나는 흙벽을 이용해 지붕을 덮어 만든 집이었다. 중요한 것은 고대 인류의 이런 집짓기는 이후 석기시대에서 청동기와 철기시대를 거치면서 건축 기술의 급속한 발전으로 이어져 새로운 차원의 건축을 탄생시키기에 이르렀다는 점이다.

기원전 6세기 당시 역사상 가장 거대한 사막의 도시 메소포타미아의 수도였던 바빌론과 기원전 7세기경 고대 아시리아의 수도 니네베(Nineveh)의 세계 최초의 도서관인 '아슈르바니팔 도서관(Library of Ashurbanipal)'은 건축과 문학의 상호 관련성을 추적하고 인지하는 이해적 측면에서 그 의미가 크다. 전자의 경우 건축 기술은 도시를 형성하고 막강한 힘을 바탕으로 영토를 확장하며 찬란한 문화를 촉진시

켰다는 사실이며, 후자에 있어서는 일찍부터 지식의 향연으로 불릴 만큼 고도로 발달한 지적, 사회적 체계를 만들어 냈다는 사실이다. 그것은 특히 '함무라비 법전', 메소타미아의 창조신화 '에누마 엘리쉬(Enuma Elish)', 세계 최초의 서사시 '길가메시 서사시(Epic Of Gilgamesh)'를 통해서 입증이 된다. 바빌론이 없이는 메소포타미아 문화는 존재할 수 없었고, 문자 없는 책과 도서관은 애초부터 불가능한 것이었다.

메소타미아는 '두 강 사이의 땅'이라는 지리적 의미 이외에도, 상징적으로 두 강물이 이루는 '기록의 땅', '가능성의 땅' 이라는 의미의 해석도 가능하다. 그러한 가능성의 땅에 유프라테스강과 티그리스강 유역의 고대 도시 국가들이 출현하고, 문자를 사용하면서 인류 문화의 출발점이 되고 역사는 기록되었다. 기원전 28세기경 우르크를 지배한 왕 '길가메시'의 영웅담을 그린 '길가메시 서사시'는 인류 최초의 문자로 알려진 수메르인들이 사용한 쐐기문자(楔形文字)로 기록되어 있다. '에누마 엘리쉬'의 서두 부분을 살펴보면 왠지 그 내용이 낯설지 않다.

"높은 곳 하늘이 아직 불리지 않았고/ 아래 마른 땅이 이름으로 불리지 않았을 때/ 신들의 아버지 태초의 압수

(Apsu)와 혼돈의 어머니 티아마트(Tiamat)가 자기들의 물을 한데 섞고 있었다./ 늪지가 형성되지도 않았고 섬도 나타나지 않았다./ 신이 나타나지 않아 이름으로 불리지 않았고 운명이 결정되지 않았다./ 그리고 신들이 그들 안에서 생겨났다."

고대인들은 위에서 보듯이 신화를 통해서 세계를 이해했고 도시를 만들었다. 지적 호기심과 풍부한 상상력은 과학적 근거나 논리를 떠나 문학의 원동력이 되었다. 그렇다고 신화들이 허무맹랑한 것은 아니다. 지옥과 천국사이에 연옥이 존재하는 신곡과 같은 스토리의 전개 패턴도 어쩌면 무-혼돈-유로 전개되는 '에누마 엘리쉬'에 기인한 것인지도 모른다. 이 메소포타미아의 창세 신화는 성경의 창세기에 영향을 주었다는 점도 간과할 수 없는 의미심장한 대목이다.

현대 건축은 장소와 용도 등에 따라 카탈후유크(Catalhuyuk)와 같은 고대 원시 건축 형태서부터 모던한 노출 콘크리트, 강철 프레임과 유리 커튼 월의 하이테크(High-Tech) 양식을 비롯하여 '부르주 할리파'와 같은 초고층에 이르기까지 다양하다. 혁신적인 사고가 혁신적인 건축을 만들어내며 끝없이 건축은 진화한다.

위에서 일별했던 바빌론의 건축들은 돌이 귀해 흙벽돌을 이용하였다. 과거에서부터 현대에 이르기까지 벽돌은 조적식 구조의 건축 재료로 오랫동안 쓰여 왔다. 어느 것이든 건축은 기본적으로 사람들을 모으는 활동 공간을 만드는 일이다. 공간은 무엇인가를 담는다. 그 담겨지는 대상에 따라 공간은 다채롭게 변화한다. 넓어지기도 하고 좁아지기도 하며, 높아지기도 하고 낮아지기도 할 뿐만이 아니라 밝아지기도 하고 어두워지기도 한다. 또한 따뜻해지기도 하며 추워지기도 한다. 매우 현실적이면서도 비현실적이거나 초현실적으로 변신하기도 한다. 이와 같이 공간은 수용 대상에 의한 확장과 축소 혹은 팽창과 수축으로 유기적인 변화를 멈추지 않는다. 그것은, 공간은 대상과 소통한다는 증거로 인간의 활동에 의해 건축은 숨 쉬고, 생명을 얻는다. 그 생명성은 예술에 의해 꽃을 피우고, 그중에서도 문학은 인간과 세계를 새롭게 발견하는 각자(覺者)로서의 삶을 추구하여 멀리 가는 존재로 만들어준다. 그런 존재는 현실에 살지만 미래를 불러들여 먼저 사는 사람이다. 그는 가는 자가 아니라 미래에서 오는 자이다. 미래란 아주 먼 시간대가 아니라 지금에서 한 발 앞선 것뿐이다.

종로구 원서동에 가면 현대 사옥 바로 옆에 검은색 벽돌로 지어진 특이한 건축이 하나 있다. '空間 SPACE'라는 공간 사옥이다. 현재는 '아라리오 뮤지엄 인 스페이스(ARARIO MUSEUM in SPACE)'로 벽돌 사옥 이후에 추가된 유리 사옥, 한옥 등으로 구성되어 있다. 이 '공간'이라는 구(舊) 사옥은 1977년 건축가 김수근이 설계한 것으로 우리나라 전통 건축을 현대적으로 재해석한 휴먼 스케일(human scale)의 건축물이라는 점에서 국가등록문화재로 지정되어 있다. 이러한 휴먼 스케일의 건축물이 현대 이후에만 나타난 것은 아니다. 한옥과 같이 자연과 조화를 이루며 실용성과 편의성을 높이고 감성을 살려 집을 지으려 했던 과거에도 인간중심주의 건축은 있었다. 그렇다고 오늘날의 건축처럼 미래지향적인 성장하는 인간, 창조적인 보다 더 큰 인간, 항구적인 진화하는 인간을 염두하고 지은 것은 아니었다. 필요에 따라서 그때그때 자연발생적인 형태의 집이었다. 우리나라 제1세대 건축가가 지은 공간사옥은 무엇보다 인체공학적인 것으로 '인간의 크기'를 생각하고 지은 것이라 할 수 있다.

　인간의 크기는 어떤 것을 말하는 것일까? 잠재적인 인간은 어디까지나 성장하는 인간이다. 작게는 석굴의 작은 협실에서부터 거대한 피라미드를 넘어 저 미스터리한 우주까지 끝없이 확장하며 발전하고 성장하는 인간이다. 어머니의 뱃속에서 태어나는 1차적인 탄생 이후 우리는 사람과 자연에 의해, 예술과 사랑에 의해 더 큰 존재로 거듭 태어난다. 이 공간사옥이 특별한 의미를 갖는 것은 여기서 바로 우리나라 시 낭독의 시발점이 되었다는 사실 때문이다. 1979년 4월 7일 공간사옥 지하 1층 소극장 '공간사랑'에서 구상, 성찬경, 박희진 세 분에 의해 '공간시낭독회'가 발족되었다. 구상 시인과 가까웠던 건축가 김수근 선생이 공간을 마련해 준 덕이었다. 자작시 낭독은 매월 1회씩 개최되어 1988년 100회, 1997년 200회, 2005년 300회, 2013년 400회, 2022년 500회를 거쳐 2024년 현재까지 거의 50년 가까이 지속되고 있다. 이러한 자생적인 순수 시낭독회는 우리나라는 물론 다른 나라에서도 그 사례를 찾아보기 힘든 희유한 일이다. 공간시낭독회가 지금까지 이어져 오면서 그 뜻과 정신은 그대로지만 장소는 사회적 환경의 변화에 따라 여러 번 바뀌었다. 동숭동 예술관, 장충동 한국현대문학관, 바움갤러리 등을 거치며 현재는 창덕궁 돈화문 앞 '노스테라스'에서 지속되고 있다.

"이제 우리의 시도 그 시 정신의 깊이와 기교의 다양성에 있어서 많은 성장을 했습니다. 그러나 우리의 시에는 우리가 등한히 해 온 사각과도 같은 영역이 있으니, 그것이 곧

시의 낭독에 대한 우리의 무관심입니다. 이제 우리의 시를 문자에만 맡길 것이 아니라 시를 생생한 목소리로 읊음으로 해서 시에 시간적, 공간적인 종합적 생명을 불어넣어야 할 때가 왔다고 믿습니다. (중략)

이상과 같은 저희의 뜻이 공간사 김수근 선생의 협찬으로 그 출발을 보게 되었음은 감하무량 한 바로써 거기에 상응한 정성을 다짐하여 사의를 대신합니다."

1979년 4월 구상, 박희진, 성찬경 세 시인의 이름으로 '정기적인 시낭독의 모임을 시작하며'라는 제목에 부친 '공간시낭독회 선언문'의 일부다.

필자 또한 공간시낭독회 상임시인으로서 시낭독회에 참여하고 있다. 현재의 낭독 장소를 오가며 밤에도 조명이 켜져 있는 '空間 SPACE'를 바라본다. 그 높은 아름다운 뜻과 창립멤버였던 세 분에 대한 기억을 떠올리며 미력하나마 시의 시간을 살려고 한다. 이제 시낭독회의 원천이 된 공간사옥은 시간의 흐름이 더해지며, 사람의 숨결을 흡수하고 온기를 얻어 자연친화적으로 더 아름답게 완성되어 가고 있다는 느낌이다. 그것은 우리 고유의 전통적인 맛이며, 현대적인 멋이자 미래적인 시간의 얼굴이다.

하루가 다르게 등장하는 혁신적인 현대 건축은 그때마다 표정이 다른 얼굴로 도시를 장악하고 변화시키며 우리를 바라본다. 그것은 곧 우리를 향한 건축의 질문이다. '존재하는 것은 무한한 책임이 따르는 일이다.'라는 세잔의 말을 떠올리며, 문학은 새로운 장르를 개척하는 정신으로 그에 답해야 한다. 그렇지 않으면, 건축은 문학의 목소리를 잊게 될 것이다.

이종성
시인. 본지 편집위원

우리 시대 문학과 건축 사이의 행간 읽기

장수철

문학과 건축의 유비

 비유적인 의미에서 문학은 건축물이다. 문학에서의 문맥(context), 장르, 텍스트는 건축에서 장소, 건물유형, 구축으로 나타난다. 이런 비유로써라면 회화나 조각 또는 음악이나 무용 등과 같은 여타 장르의 예술도 건축과 동일한 지점에서 만날 수 있다. 모두 형상과 질료와 장소(spot) 이 세 가지의 요소를 본질로 하기 때문이다. 다만 건축과 달리 여타 예술 장르의 본질에 실용성이라는 특질이 매우 제한적인 반면, 건축은 실용성이 극대화되어 있는 행위이다.

 건축물을 하나의 책이자 텍스트라고 할 때 이 역시 비유적인 의미에서 건축의 다른 의미의 부가적인 기능들(정치적 권위나 종교적 위엄 혹은 계층 차별화를 위한 장식적인 기능)이 '주거'라는 건축의 본원적 기능과 함께 구현된 건축물을 경험하는 인간의 인식 매커니즘(공간경험)이 문학텍스트를 경험하는 그것과 유사함에서 기인한 유추적 이해일 것이다.

건축학에서 흔히 사용되는 "건축 언어"라는 표현에서도 문학과의 유사성을 발견할 수 있다. 미학적 견지에서 건축가의 주관적인 의도가 건축적 언어(예컨대 형태, 색채, 구조, 크기, 척도, 배치, 자연요소, 디자인, 스타일, 나아가 사회적 맥락과 소통 등)를 통해 건축물의 조형성으로 발화되고, 이 발화체가 읽는 이로 하여금 심미적 체험을 가능케 한다는 점을 전제하기 때문이다.

이렇게 여러 관점에서 문학과 건축 사이의 장르적 유비가 가능한 것은, 근본적으로 두 장르 모두 인간의 삶을 전제하기 때문임을 간과할 수 없다. 건축은 인간이 기거하는 '물리적 공간'을 만드는 행위이고, 문학은 인간이 채워가야 하는 '의미의 공간'을 만드는 행위이다. 인간이 깃들지 못하는 건축, 인간의 삶을 다루지 않는 문학을 우리는 어떻게든 상정할 수 없다. 앞서 말한 건축의 실용성은 실제적이며 물리적인 차원의 효용이지만, 문학이 그것의 향유를 통하여 미적 체험에 이르게 된다면 이 또한 블요불급할지라도 문학의 실용적 측면이라 할 수 있을 것이다. 결국 건축이든 문학이든 모두 인간과 관계하고 우리의 삶을 직관해야만 한다는 책무성 또는 당위성에서 자유로울 수 없다.

사람은 건물을 만들고

이와 관련하여, 오랜 기간 회자되는 윈스턴 처칠의 "사람은 건물을 만들고, 건물은 사람을 만든다."라는 말과, 작가 박성천의 "사람은 책을 만들고, 책은 사람을 만든다"라는 말은 의미심장하다. 당대의 시대정신에 따라 다양한 유형의 문학과 건축의 역사가 전개되어 왔고, 그것들은 다시 인간의 삶을 바꾸어 놓는다. 좀더 구체적으로, 건축과 문학이라는 현상이 어떻게 직간접적으로 현실 또는 상호 간에 침투하는가를 살피는 것은 의미있는 일로 생각된다.

20세기 초 모더니즘의 발흥과 함께 문화 전영역에서 역동적인 지각변동이 일어났다. 유리와 철강 콘크리트 제조법의 획기적인 발전과 더불어, 합리주의를 지향하는 모더니즘 건축이 주창된다. 그 기치를 든 것은 미스 반데어 로에(Mies van der Rohe), 르코르뷔지에(Le Corbusier) 등이었고, 이들은 모두 19세기 이전의 바로크 미학의 장식성을 거부하고 기하학적 순수성을 추구하며 기능주의와 합리주의 정신을 추앙했다.

코르뷔지에의 경우, 2차 세계대전이 끝난 도시의 폐허 위에 그가 기획한 유니테 다비타시옹(Unites d'habitation)은 사실상 현대적인 아파트의 효시격에 해당한다. 실현되지는 못했지만, 극도의 효율성과 편의성을 추구하는 그의 건축적 이상이 완결된 형태로 구현된 계획안이었다. 오늘날의 공공주택은 이러한 코르뷔지에의 개념으로부터 출발한다고 해도 과언이 아니다.

양차 대전 이후 도시 빈민들이 집단 공동주거 시설로서 개념화된, 빈곤과 연대를 상징하던 아파트 건축이 우리나라에서는 사실상 세련된 도회적 주거의 상징으로서 또한 부의 상징으로서 여겨지며 우리 시대 최고의 재화로서 등극하게 된 것은 뜻밖의 일이다. 이 부분에 대해서는 이미 임동근, 김종배의 『메트로폴리스 서울의 탄생(서울의 삶을 만들어낸 권력,자본,제도)』과 발레리 줄레조Valerie Gelezeau의 『아파트 공화국』등의 선구적인 저작들이 있다.

한편으로, 아파트와 같은 모듈식 집단주거 형태의 건축물은, 미셸 푸코가 [감시와 처벌]에서 근대권력의 작동방식을 발견하려 했던 학교, 감옥, 병원, 병영과 같은 판옵티콘적인 시스템제어 하에 작동된다. 병원에서 태어나 학교와 병영과 마천루의 사무실에서 지내다가 마침내 병원이나 요양원에서 죽어가는 현대인들은 오히려 이러한 감시와 통제를 스스로 내면화하며 살아간다.

대가족을 수용해야했던 종래의 주거형태도 현대에 접어들면서 가족형태의 다양화로 가족들이 흩어져 사는 경우가 많아지고 이로써 오피스텔, 원룸, 고시원, 쪽방 등에서 홀로의 삶을 살아가며 외로이 잠자리에 드는 사람들도 많아졌다. '아파트 공화국'으로 불리는 대한민국 사회의 비뚤어진 자화상과 변종 집단 빈민 주거시설인 오피스텔, 고시원, 원룸의 흥망사는 우리 사회의 우울한 현대사를 그대로 들추어낸다.

아파트, 원룸, 고시원

> 궁전 아파트 사람들이 여태껏 행복했던 것은 다른 사람들이 그렇게 알아 줬기 때문입니다. 그것은 마치 엄마의 보석반지가 엄마를 행복하게 하는 게 보석이 아름다워서가 아니라 보석이 진짜라는 보석 장수의 보증 때문인 것과 같은 이치입니다.
> 여태껏 굳게 믿고 있던 행복이 흔들리자 궁전 아파트 사람들은 그 불안을 견디다 못해 한자리에 모여 의논을 하기로 했습니다. 모이는 장소는 칠십 평짜리를 두 개 터서 쓰는 사장님 댁으로 정해졌습니다.
>
> ─박완서, 「옥상 위의 민들레꽃」 부분

박완서 작가의 소설 「옥상 위의 민들레꽃」에 등장하는 '궁전아파트'에는, 스스로 행복을 느껴가기보다는 다른 사람들이 아파트를 소유한 자신들을 부러워하는 데에서 행복을 느끼는 사람들이 산다. 연이은 자살사고로 인해 아파트값이 떨어질 것이 두려운 그들은 주민회의를 열고 대책회의를 하지만 오직 속물적인 방식으로만 해결하려고 한다. 작가는 현대인들의 비인간성을 어린 화자 '나'의 시선을 통해 가감 없이 고발하고 있다. 작품 속의 '궁전아파트'는 망상적 수준의 집단 이기주의의 육화이자 물신주의 시대의 바알(Baal) 신상으로 그려진다. (최근 개봉했던 엄태화 감독의 〈콘크리트 유토피아〉에서도 대지진 이후 콘크리트 지옥의 한가운데 우뚝선 '유토피아', 그 아파트의 이름도 '황궁아파트'였다.)

박민규는 그의 단편 「갑을고시원 체류기」를 통해, 암울한 시대에 문학적 감수성이 어떻게 발동하는가를 냉소적이며 기괴한 유머로 그려내 보여준다. 작중인물들은 '터무니없이 길고 좁고 어두운, 폭이 40센티가 될까말까한 복도'를 가운데 두고 각각 '1센티미터 베니어판'으로 나뉘어진 '방(房)이라고 하기보다는 관(棺)이라고 불러야 할 사이즈의 공간'에서 희망없는 시간의 무한루프를 살아간다. 고시원은, 일용직 노무자들과 유흥업소 종업원들, 그리고 '김 검사'와 같은 고시 폐인들의 그악스런 삶을, 그러나 끝내 일관성 있게 여지없는 비극으로 완성되어 버리던 그들의 생을 마지막까지

담지해내는 카타콤이자 무저갱 같은 곳이다. 화자는 '누구에게나 밀실이 있'고, 그 밀실에서 고치처럼 꿈을 꿀 수 있어야 한다고 생각하지만, 화자의 말처럼 인생은 '고시'와 같은 것일지 모르고, 실상 대부분의 사람들은 '김 검사'처럼 패배하며 살아가고 말 것이다. 시간이 지나 현시점에서 주인공 '나'는 가정을 이루고 운좋게 임대아파트에 입성하게 된다. 하지만 얹혀살던 친구집에서 쫓겨나서 오갈 데 없던 자신에게 고시원에 들어갈 마지막 30만원을 쥐어주었던 형은 사고로 죽고 '납골당'에 안치된다. 화자가 입주한 '아파트'와, 동일한 불행을 유업으로 물려받았던 그의 형이 죽음으로써 입주한 '납골당', 이 그로테스크한 병치가 우리의 삶의 전말을 꿰뚫는 데칼코마니처럼 읽히는 것은 왜일까.

> 아버지와 둘이 살았다
> 잠잘 때 조금만 움직이면
> 아버지 살이 닿았다
> 나는 벽에 붙어 잤다
> (후략)
>
> —최지인, 「비정규」 부분

젊은 리얼리스트 시인으로 주목받는 최지인의 시적 출발

은 아버지와 단둘이 잠을 자야했던 저 단칸방일 것이다. 조금만 움직여도 아버지와 살이 닿는 비좁은 방안에서 사력을 다해 몸을 비틀다가 결국 '벽에 붙어' 잔다. 살이 닿는 것은 화자의 신체성을 각성케 하고, 그 '살'은 오롯이 아버지로부터 물려받은 것임을 상기시킨다. '닿는 것' 즉 신체성의 유전이 일용직 노동자인 아버지로부터의 '빈곤의 유전'으로 이어질지 모른다는 불길한 예감을 화자는 떨쳐버릴 수 없었던 것이다.

  복도/ 여러개의 방/ 마주보는/ 그보다 더 많은/ 층층/ 비스름한 얼굴/ 문 앞에 내놓은/ 쓰레기봉투/ 며칠째/ 고약한 냄새 진동하는/ 누군가 마주치면/ 몸을 틀어/ 비켜야 하는/ 무보증원룸/ 이 세계가 무너지면/ 우리는 어디로 가야할까/ (중략) / 문구멍의 눈들이/ 들것에 실린 사내를/ 지켜보고 있었다/ 좁고 긴/ 복도 끝/ 한 줄기/ 빛
        -최지인, 「도시 한가운데」 부분

  인간은 결국 혼자라는 사실과, 이 세상은 혼자만 사는 게 아니란 사실을 동시에 뼈저리에 느끼게 되었다. 모순 같은 말이지만 지금도 나는 그렇게 믿고 있다. 즉. 어쩌면 인간은 혼자서 세상을 사는 게 아니기 때문에, 혼자인 게

아닐까.

―박민규, 「갑을고시원체류기」 부분

  2000년대 초반 박민규의 '고시원'은 20여년이 지난 지금 최지인의 '무보증원룸'으로 대체되었다. 그의 시들은 마치 하이퍼리얼리즘 회화처럼, 고시원과 하등 다를 바 없이 비좁고 폐쇄적인 공간에서 이 시대의 청년 빈민들이 살아가는 모습들을 세세하게 필사해 낸다. 최지인의 시에서 '원룸'은 인간으로서 가져야할 최소한의 것, 하나라도 더 배제하게 되면 '더 이상 인간일 수 없는 것'으로 전락하는 최소한의 물적 토대로 상정된다. 그것은 실존적 의미에서의 모나드 또는 단자에 가깝다. 그것마저 잃었을 때 '바닥과 하나가 되'어 버리고 들것에 실려 나가는 곳이다. 그럼에도 들것이 나가면서 이를 배웅하는 문구멍의 눈들과 그 복도 끝에 보이는 한줄기 빛은 잠재된 희망과 연대의 가능성을 암시한다.

  박민규와 최지인의 작품에서 원룸이나 고시원을 바라보는 작가들의 의미적 지향은 동일한 맥락에 놓인다. 그곳은 어둠과 빛, 절망과 희망, 고립과 연대의 극단적인 진폭을 오가는 양가적인(ambivalent)공간이다. 아파트가 그 탄생부터 빈민의 집단 주거라는 1차적 요구를 넘어 빈민들의 연대와

단결을 상징하는 건축물이었음을 우리는 이미 알고 있다.

한국사회의 극단적 우울감이 이미 세계 최고 수준이라는 것은 더 이상 새로운 사실도 아니다. 상위 소득 20%의 가구와 하위 20%가구의 2023년 소득격차가 무려 10배에 달한다는 통계가 얼마 전에 발표되었다. 이전에도 우리를 우울하게 하는 경제 사회 지표들은 이미 차고도 넘친 상태다. 50만 명을 훌쩍 넘긴 은둔 고립 청년들과 희망 없는 비정규 임시직을 전전하는 프레카리아트(precariat) 계급 청년들에게 더 이상 원룸과 고시원이 다만 어둠과 절망과 고립의 공간이지 않기를 바란다. 또한 우리 사회에서 아파트가 더 이상 재화의 상징이거나 명예와 성공을 시위하는 도구가 되지 않기를 바란다. 새롭게 희망하며 연대하고 새로운 세상을 통찰해 내는 이 시대의 고독하고도 아름다운 오벨리스크가 되었으면 좋겠다.

장수철
시인. 본지 공동 부주간

신작시

1부

강서완 곽인숙 김 겸 김계영
김광명 김금용 김 루 김무영
김선아 김성철 김송포 김 승
김신영 김연아 김영찬 김옥경
김왕노 김 윤 김은옥 김은정
김인숙 김지헌 김진돈 김찬옥
김추인 김혜천 나금숙 동시영

백자

강서완

그의 집은 텅 비어있었다

순백의 천성에 합일된
무색투명의 등

문이 열려있었으나
치토질의 서광이 압도하는
어떤 경건 속으로
선뜻 들어설 수 없었다

감각을 불태우고
색신을 넘어선
태토의 성품
어둠을 평정한
꿈 없는 잠의
생시

흰,

시간이 멈춘 집 앞에서
다형 다색 다각의 분별을 가진
내 집 가득한 언어와 문자들이
나는 몹시 무거워졌다

깊은 잠에서 홀로 막 깨어난
아이의 전신에 쏟아지는
오월의 햇빛 같은
미약한 자성의

적막,

안과 밖이 동일한

충만의,

텅 빈 자유

희디흰 침묵에

나는 감전되지 못했으나

다만, 그의 고요 속

흰 열쇠 하나가 보였다

강서완
2008년《애지》등단. 시집『서랍마다 별』이 있음.

그리운 양파

곽인숙

깜깜한 하늘에 둥근달이 떠오릅니다

더 채울 것 없이 한 점씩 살을 뗄 때까지

맵지만 무심한 내색이어서 눈에 밟힌다는 말
아니, 눈이 아리다는 표정 대신 돌아섭니다

피해 갈 수 없어 동그랗게 몸을 말고
날짜변경선을 세어 보다가
원근법으로 다시 회귀하는 달

하현에서 그믐으로 가듯
누굴 한 겹씩 까봤다는 생각이 들 때
각기 감싼 생이 너무 진지해서 다른 건 생각조차 해보지 않아서

여러 번 어머니를 벗겨 먹은 후

나는 비밀처럼 양파 까는 전사가 되어 갔지요

어떤 깨달음이 있었기에 매운맛까지 착한 당신은
그 많은 가족을 한 품에 품었을까요

남모르는 한숨 얼마나 힘껏 움켜쥐었으면
터져 나오는 신음 소리가 매웠을까 생각하니
눈물이 먼저 흘러내립니다

세상의 뻔한 눈가림도 없이
아주 오랜 시간에 핀 꽃처럼 서쪽 하늘 끝에 걸린 그믐달

까도 까도 그리운 양파
어느 변방 돌아와도 그 맛 알싸합니다

곽인숙
2019년《시와 편견》등단. 시집『동심원 연가』가 있음.

근기根氣

김 검

무엇인가 만지면 만질수록 망가져갔다
누구는 긁어 부스럼이라 했는데
그것은 차라리 전 생애와 같아서
무엇인가 하면 할수록 비루해졌다

어디든 바닥의 룰이라는 게 있다
약속이나 한 듯이 서서히 외곽으로 밀려나면서
한다는 건
멸시를 가장한 침묵을 애써 외면하는 것
알아서 기는 것
뒤돌아서 증오하는 것
버틸 때까지 버티어 보는 것

내 의지를 시험한다는 건
갈 때까지 가 보는 게 아니라
내 수치를 피학의 운명과 맞바꾸는 일

너도 벗으라는 요구에
알몸으로 기타를 치는

그의 비극*은
당신의 외면을 알면서도
알몸을 내미는
내 오욕과 맞닿아 있는 것을

몇 권 더 낼 거냐는 말이
부질없음을 가리킨다 해도
당신의 조롱이 나의 그 몇 권을
다 가리지는 못하리
당신의 존귀가 어디서 왔는지 몰라도
내 비루는 반백 년이 빚은
바닥의 힘인데 말이지

* 영화 〈와이키키 브라더스〉(임순례 감독, 2001)의 한 장면.

김 겸
2002년《현대문학》평론, 2007년《매일신문》신춘문예 소설, 2021년《강원일보》신춘문예 시 등단. 시집『하루 종일 슬픔이 차오르길 기다렸다』, 장편소설『여행의 기술-Hommage to route7』등이 있음.

겨울눈 이야기

김계영

추운 겨울에도 모르는 일이 벌어지는 것을 아는지요

작은 겨울눈 안에서
꽃눈과 잎눈이
한 무더기의 꽃과 한 무더기의 잎들을
알콩달콩 포개고 있다는군요

제 자리 지키는 백목련의 반짝거림을 먼저 봐요
솜털 옷을 껴입고 보드라운 새싹을 아기 다루듯 하지요
그 옆에서 아무것도 걸치지 않은 채
한겨울을 오롯이 견디는 작살나무도 봐요

외로운 시간엔
외로운 것끼리 부대끼며
눈을 뜨려고 하는 반란을 도모 중인 것인가 봐요
첫 꽃을 피우려고 젖몸살을 하는 것도

봄이 올 무렵
방심 뒤에서 벌어지는 놀라운 반란이지요

사람이 아기를 낳는 일이 두렵고 어렵다는 세상에서

나무들마다 삶의 설계도가 어찌나 세밀한지
쩡 아려오는 콧날을 훔치게 되는군요

김계영
1998년 《포스트모던》 등단. 시집 『시간의 무늬』 『흰 공작새 무희가 되다』 등이 있음.

다운사이징

김광명

슬픔이 작아져야 뜰 수 있지 않을까
굳은 표정은 날 수 없잖아

무게는 당연한 힘이고
하늘을 날기 위해선 기분을 끌어올려 줘야 해

공기도 힘을 가지고 있어
건달처럼 불규칙하고
종잇장만큼만 반항해도 주먹질을 하지

어깨를 유선형으로 모으고
다리는 천천히 구부리자
떠 있을 때는 **뼈**에 균형을 잡고

우리는 일상 밖으로 티켓을 내밀고
움츠린 등을 부풀려 떠오르고 있다

작아진다고 잘 나는 건 아니야
무거워도 날 수 있잖아

모형 비행기를 자갈밭에서 이륙시킨다
정오의 허기가 자갈 위로 불어오고
하느님부터 찾아보자, 아빠

구름 위로 승강키를 세운다
소인국 테마파크에선 우리가 거인이듯이

김광명
2022년 《시와사상》 등단.

남기는 말씀

김금용

나비가, 흰나비가 어깨를 친다
고개 떨군 슬픔의 무게만큼 무겁게
코끝을 스치며 날개를 흔든다

걱정하지 마
봄햇살이 따뜻하게 감싸니깐
난 흰나비가 되었거든
구름 밖으로 날아갈 거니깐
굵은 못 꽝꽝 박은 목관 틈새를 뚫고
가볍게 어둠을 벗어날 테니깐

괜찮아
농담하듯 짓궂게 내 어깨를 치는 나비,
대꾸도 없이 도망치기만 했음에도
등 뒤로 숨기만 했음에도
당돌하게 대들던 내 화살촉 말들이
빗줄기 요란한 퍼포먼스였다고 덕담을 해주네

젊은 치기도 주관 뚜렷해서 반가웠다고
내 머리를 쓰다듬네

미안해하지 마,
날 딛고 일어서는 널 지켜주고 싶네
삶에 끌려 욕심부린 날들은 무명지에 둘둘 말아서
화장터에서 함께 태워버리게나
재가 된 내 뼛가루는 가볍게 강물에 날려버리게나
항아리에 넣어 다시 땅에 묻지 말게나
미련 없이 털고 날아갈 수 있도록
날개에 힘이 붙도록
내 이름조차 비워주게나
날 부디 잊게나, 잊어주게나

김금용
1997년 《현대시학》 등단. 시집 『물의 시간이 온다』 『각을 끌어안다』 『핏줄은 따스하다, 아프다』 『넘치는 그늘』 『광화문자콥』, 중국어번역시집 등이 있음.

봄, 1022 지방도

김루

온몸이 가려워 깨어나는 순간입니다. 눈을 떠 봐요. 눈망울이 하얗게 물결쳐 오는 세상입니다.

어느 발자국이 먼저 가 언덕 위의 눈망울을 깨워 종말을 뒤덮었을까요 초록 눈망울이 유혹입니다.

유혹의 자리가 붉습니다. 되돌아갈 수 없는 길인 줄 알면서 팔을 걷어붙이고 머리를 질끈 묶은 결의로

부추기는 사람의 자리는 가렵습니다. 가려워 찢어지는 중입니다.

쉬 잊히지 않는 약속이 향기면 좋겠습니다. 눌러둔 마음의 원성怨聲이 바람으로 향을 가질 때

바람이 되어갑니다.

기차는 떠나고

물을 안고 물의 뼈를 만지며 은빛 물결로 가라앉은 원동의 사람들은 한 방향만 환해질까

짙어진 속눈썹을 가라앉히며 묵묵히 떠나보낸 어제의 겨울을 정리 중입니다.

김 루
2010년 《현대시학》 등단. 시집 『오늘의 판타지』가 있음. 구지가문학상 수상.

갈비

김무영

피란길 아이들이 갈비를 뜯고 있다
뼈에 묻은 자신이다
쫓겨 숨어든 골짝
큰 짐승들이 적막을 깨면
작은 이들은 앙상한 갈비를 드러내고 틈으로 스며드는
여기저기서 전쟁을 치르고
어머니는 매일 덩치를 키워야 한다고 음식을 토해 먹이는

비만 오면 수영장이 되는 지하
빌딩이 보이지 않아 좋았다
눈을 감아야 드러나는 세상
그곳도 돈이 된다고 앗아갔다
쫓겨나던 날 어머니는 쓰레기까지 챙겨 담았다
수십 번을 돌아보고
지하 형체를 그리며 뒷걸음질 쳤다

동생들과 갈비*를 동개고 있다

갈쿠리로 떨어져 뒹구는 갈비를 모은다

어미에 매달려 있다 세상 밖으로 나온 아이들

바람을 놓으면 스멀스멀 두려움이 몰려

내동댕이쳐지기도 하지만

쓰러진 길 위로 얼기설기 마지막 숨을 토해내며

새 생명의 불꽃을 피우고 있다

* 누렇게 변해 떨어진 솔잎

김무영
1982년《거제문학》등단. 시집『그림자 戀書』등이 있음.

후유증

김선아

  인솔자가 말했다. 이곳이 아우토반입니다. 별똥별 초대장을 받아 든 듯 짜릿했다. 언제 또 오겠나. 아우토반의 무한속도여.

  대학 입학시험 날 새벽 급발진했던 아버지의 심장박동, 나를 친친 동여맨 후 멈추지 않던 컨베이어벨트의 그 가열찬 속도, 생일 케이크 촛불보다 빨리 꺼졌던 소원, 나를 주저앉혔던 무한속도여. 아우토반에서도 버스에 앉은 채 뜀박질하게 만든 내 무한속도여.

  무한 질주만이 진정한 속도라 오해했던 게 죄였을까. 45인승 버스는 정해진 차선 따라 시속 100km를 결코 넘지 않았다.

  살아생전 언제 또 가겠나.

별나라 속도에서 해방된 영혼일 테니, 별똥별이 사라져가는 속도를 염탐해 본다. 나는 한동안 아우토반을 달려봤다며 떠벌리거나, 해방 속도를 검색하거나, 할 것 같다.

김선아
2011년 《문학청춘》 등단. 시집 『얼룩이라는 무늬』 『하얗게 말려 쓰는 슬픔』이 있음. 김명배문학상 대상 수상.

아득한 봄

김성철

냉장고가 봄을 맞았다
한파가 서슬로 어슬렁거리던 밤

앓는 노모 숨소리 따라
그릉, 그릉
따라 울던

언 손 비비는 마찰 온도처럼
봄나물처럼 불쑥 싹 틔운
9도

냉장고 속 공깃밥에는 파란 잎사귀
곰팡이가 자라고
김치는 엄마 연골처럼 무르고

어둠 속 새벽

봄 쟁이는 냉장고는 깜빡이며

봄을 건너고

노모는 얕은 기침으로

봄 따라 걷고

나는 아득한 봄만 보고

김성철
2006년 《영남일보》 신춘문예 등단. 시집 『달이 기우는 비향』 『풀밭이라는 말에서 달 내음이 난다』 등이 있음.

반달에 달은 없고 반지가 웃다

김송포

 반달은 숙명적이다 반만 차 있어도 만족한다 반만 웃어줘도 반만 사랑해 줘도 반만 문장을 읽어줘도 좋다 왜 약해졌냐고요 그것은 반쪽과 같이 살면서 얻은 반지예요 바꾸려 하지 않았고 반만 채워지는 것에 익숙해졌다

 반달 서림에서 반달 같은 사람들을 만나 책 이야기를 했다 완벽한 시집도 아닌 반 정도만 봐줘도 다행이라는 생각으로 낭독 시간을 가졌다 열 명이 둘러앉아 달의 이야기 늘어놓으며 어쩜 반은 이쪽 이야기에 귀 기울이고 반은 다른 생각으로 넘나들지 않았을까 이름 없는 반지가 어찌 보름달 같은 완전을 내밀까요

 반달은 어떻게 반지가 되었다는 건가요

 밤하늘에 비친 반달은 나뭇가지 사이 얼굴을 내밀어 웃어줬다지만

이야기 과정을 누가 온전히 들어주었냐고요

바로 당신

반달 같은 마음으로 달려와 준 저 노랑을 안아주고
반만 기억해 줘도 반은 찰 것이라는 손을 바닥에 내려놓으니
렌즈에 노출된 반지가 웃고 있다

김송포
2013년 《시문학》 등단. 시집 『부탁해요 곡절씨』 『우리의 소통은 로큰롤』 『즉석 질문에 즐거울 락』이 있음.

시간의 종점

김 승

사건의 지평선*을 넘고 싶다
그곳은 시간이 흐르지 않는다는 곳

시간이 사라지면 달려오던 죽음도 멈추고
통증도 없어질까

그곳을 지나면 에덴동산일 거야
평화를 빌거나 기도가 필요 없는

밤하늘이 어두운 건 별을 위해서라지

종점은 어디에나 있었어
크레바스처럼 빠지기 쉬운 곳은 모두가 종점

휴가 나왔을 때 보았던 뒷모습
그 둑방 끝도 종점이었지

이를 악물고 돌아서지 않기
먼저 돌아보는 사람이 지는 게임처럼
위악이라도 당당해야 했지

시간이 멈췄었어
웜홀로 빠져나오기까지 사라진 청춘
심장에 찍힌 화인
지워지기는 할까 했는데
다시 그 자리에 서고 싶은 시한부

종점이 종점이 아니고
시작점이라면 그마저도 거부하고 싶었는데

별이 될 수 있을까

*블랙홀에서 빛이 빠져나올 수 없는 경계선. 그곳에서는 시간과

공간이 왜곡되어 빛이 직진을 하지만 결국 왜곡된 시공간 안에서 갇히게 되고 그 시공간의 크기가 0에 수렴하는 곳

김 승
2019년 《시와편견》 등단. 시집 『속도의 이면』 『시로 그림을 그리다』 『오로라&오르가즘』 『물의 가시에 찔리다』 등이 있음.

떡볶이는 먹고 싶은 포도청

김신영

죽고 싶지만, 떡볶이는 먹고 싶다*는 말이
떡볶이를 먹다가 포도청에 걸려

삶이란 어쩜 떡볶이 먹고 싶은 거하고 같아
죽고 싶은 마음이 치닫는데도 무언가

독하게 맵고 짜게 강렬한 고추장이
부질없이 머리끝을 당기는 것

가끔씩 떡볶이를 먹고 싶을 때
죽고 싶은 욕구가
쫄깃하고 말랑거리는
포도청을 이기지 못한다

심심하다고 간지럽게 웃던 포도청
맵다고 매워매워 하면서 자꾸 먹는

헤어지고 싶은데 자꾸 만나는

너와 나는 떡볶이인가

죽고 싶은데 죽지 못하는 우리는

거머리처럼 인생을 붙들고

오늘, 맵찬 떡볶이를 먹는다

* 백세희,「죽고 싶지만, 떡볶이는 먹고 싶어」흔, 2018.

김신영
《동서문학》등단. 시집『화려한 망사버섯의 정원』『마술상점』, 평론
집, 시창작론집 등 6권 출간. 심산재단 시문학상 수상.

메두사의 아름다움

김연아

내 안에서 무언가가 죽었다
낮이 끝나가고 밤이 시작되는 그
순간에

누가 당신을 위해 울어줄 수 있는가
당신은 파란 가운으로 머리를 가린
성 처녀가 아니다

어딘가 다른 곳에서 온 메신저처럼
어떤 성운에도 속하지 않는 외톨이별처럼
영원히 새로 태어났다
사라져 가는 형식을 지니고
당신은 현재에만 그 윤곽을 드러낸다

한밤의 항구 냄새를 담은 머리칼
불로 달궈놓은 글자처럼

피와 뼈에 새겨진 이름
그 먼 곳이 당신을 지나 나에게 도달한다

모래 위에 부는 바람처럼 우리는 같은 리듬으로 움직이고
당신의 복부에 자리 잡은 노래들
당신의 잠꼬대는 내 꿈에서 나온다

독이 되기도 약이 되기도 하는 당신의 피
그 피로 날개 달린 말을 낳고
하루에 수만 가지로 모습이 변해도
인간성을 완전히 지워버리지 못한
당신의 변신

당신을 알아보는 그 순간에
현기증이 날 만큼 아득한
깊이에서

나를 잡아먹는 눈

모든 색을 빨아들이는 블랙홀처럼
당신은 모든 이름을 빨아들인다

과거도 녹고 미래도 녹는 여기
누가 당신을 위해
날마다 새 이름을 지어줄 수 있을까?

녹색 화장을 하고 별의 망토로 얼굴을 가린 채
당신은 상스러운 단어를 콕콕 찔러댔다
천 개의 금빛 머리카락이
잘린 머리통에서 흘러나오고 있다

김연아
2008년 《현대시학》 등단. 시집 『달의 기식자』가 있음.

붓순나무에 테르자 리마*Terza Rima,*

김영찬

붓순나무,
    별빛에 안기는 아니스 에뚜알레*anis étoilé,*
붓순나무 잔가지에 입술 문질러
키스를 추가하니까
  물 먹은
별이 반짝

집시의 달은 간질간질
허름한
  보름달이
  헐거운 달빛 풀어 마을 하나를 송두리째
먹어치웠다

안개의 교차로에서 예니셰인들*Jenische/Yéniche*이
감싸 안은 달빛

납작 엎드려 겸손하게 몸을 낮춘 지붕들은
달빛에
  이불 덮고 무량무량
      부랑인들의 키를 바짝 위축시키는 바람에
목이 아픈 기린이
기지개를
길게

  눈물 핑 도는 하품 늘어뜨려 무지개에 닿으려 하니까
   늘어진 모가지
      기린이 된 것일까

예니셰인들은 정처 없이 떠도는 방랑이 유일한
목적일 뿐
   암흑어暗黑語따위를 알 리 없지
  고블린 숲에서

　　　　몬스터 사냥으로 겨우겨우
연명하던 중
붓순나무 8각 열매가 목에 걸려
　　　　　　목숨 위태로웠다

하지만,

　테르자 리마 *terza rima*,
시 한 수를 읊고 난 후에야 비로소 마법에서 풀렸지

오,
테르자 리마 *terza rima*!

붓순나무 달빛이 걸러낸 고전적인 3운구법三韻句法
운율 덕분에
　　오늘 밤 두 눈 부릅뜬

별들

예니셰인들은 꿈결에도 귀를 씻어 레치타티보recitativo
경이로운 밤
    차가운
        별빛 쏘아올린다

*붓순나무: aniseed tree(英: 아니스 열매 나무), anis étoilé(佛: 별빛에 안긴 아니스)
*테르자 리마Terza Rima: 단테가 신곡에 차용한 3운구법(aba bcb cdc…) 운율
*예니셰인: 서유럽 유랑민들(獨: Jenische / 佛: Yéniche)
*레치타티보recitativo : 오페라에서 대사를 노래하듯이 서창敍唱하는 것

김영찬
2002년 《문학마당》 등단. 시집 『불멸을 힐끗 쳐다보다』 『투투섬에 안 간 이유』 등이 있음.

아이 무서워, 해골바가지

김옥경

 함몰하여라*3 첫 문장이여 첫 문장으로 흩어진 천 문장이여

 노래를 못해서 시집을 못 가나 나는 샤쎄 샤쎄 샤쎄쎄 감추어 둔 패, 바람이 뒤집네 화나셨어요? 내 낮은 노래에서 음표들을 모조리 뜯어내느라 선생님 더 사나워지시고

 다시/다시/다시

 뒷걸음으로 돌아간 자리, 언니 심어 놓은 꽃밭 사라졌네 언니는 얼굴형이 예뻤다는데 그런데 이 늦은 밤에 어디서 오는 거니? 어제 울고 내일 울고 잘린 머리통으로 노래 부르는 오늘은

            아
  침 먹고 **땡!** 외출 삼가

아침, 점심, 저녁의 배고픔

한국의 빈집 151만 채+?

<small>언니에게 물려받은 생각으로 열심히</small>

야! 거기 머리 길고 칠판 안 보는 애의 머리를 툭툭 쳐야 합니다

언니하고 꽃밭이 뽑아 놓은 나는 저 높은 망각에 나팔나팔 올랐습니다

눕는 사람들이 많아졌네요
정오에

약속 없이

헉!
방금 잘 싸서 버린 천국을 보았어요

선생님?

하는 수 있나요

빈 꽃다발을 가득 안고 나는 딴딴따단 뛰어내려야지

날았니?
박살 났니?

나는 소리를 죽이고 점점 크게 웃음을 멈추지 않을 것이오

김옥경
2015년 《현대시학》 등단.

아리랑고개

김왕노

아버지 아아 으악 새 슬피 우는 가을인가요. 를
외롭게 부르며 아리랑고개 넘어오다가
나를 잠시 세워두고
길가에 무성한 달개비꽃 위로 철철철 오줌을 눴다.

뜨거운 오줌발에
달개비꽃 화상 입었을 것만 같았는데
철철철 누는 오줌 소리에 놀라 튀어 오른
방아깨비는 지금은 어느 하늘로 날아가고 있는지

아버지가 부르던 아아 으악 새 슬피 우는 가을인가요
철철철 누는 오줌 소리, 아리랑고개도 다 그리워지는데
나도 아이랑고개를 넘으며 철철철 누고 싶은 오줌인데
아버지는 아리랑고개를 넘어
억겁 동안 걸어서 어디로 가려는지

달밤이라 내 가슴의 아리랑고개를 넘어 천명도 넘는
아버지 생각이 달빛에 젖어 끝없이 넘어오는데

김왕노
《매일신문》 신춘문예 시, 《시와편견》 평론 등단. 시집 『백석과 보낸 며칠간』 등이 있음. 박인환 문학상, 황순원 문학상, 세종문학대상 등 수상.

대림역

김윤

콸콸 흘러가는
버드나무 개울 옆에 살았지요
연길서는
내가 조선 사람인 줄 알았는데
여기 와서
중국 사람인 걸 알았어요

가정집에서 애를 봅니다
아이는 나하고는 연변 사투리를 써요
저녁에 제 엄마가 오면
서울말을 쓰지요
내 아들은
지린성에 두고 왔어요
아들은 내년에 서울 올 거요
고향이 그립지만
돌아가고 싶지는 않아요

힘들고 서러우면
대림역에 가요
골목 들어서면
양꼬치 굽는 냄새가 나요
쇠갈고리마다
말린 양고기가 걸려 있어요
중국 꽈배기를 파는 춘희 씨 노점을 지나

해란강 돌솥밥 지나서 골목 끝에
먼저 온 사촌이 지하 방을 얻었어요
주말에 고향 음식 해 먹고
밀린 잠을 잡니다
잠속에선
부르하통하 강가에
넋을 잃고 앉아 있다가

정신을 찾아서 돌아오지요

여기

뼈를 묻지는 않을 거요

김 윤
1998년《현대시학》등단. 시집『지붕위를 걷다』『전혀 다른 아침』
『기억은 시리고 더듬거린다』가 있음.

물음표 관찰자 시점

김은옥

눈송이가 물음표를 던지며 날리고 있다

가로수에 기대어 서 있는 걸인 여자

당당해 보이는 힘이 궁금하다

이미 답을 알고 있으면서

행인들을 하나하나 분석하는 눈빛이다

헝클어진 머리와 겹겹이 껴입은 옷 주름을 타고

물이 되어 흘러내리는 물음표들

땟국물 사이 파릇한 귀를 훔쳐 가는 깊은 눈빛에

오늘은 내 얼굴을 포기해야겠다

관찰자는 이미

관찰된 사람의 얼굴을 가지고 있다

김은옥
2015년 《시와문화》 등단. 시집 『안개의 저쪽』, 수필집 『고도孤島를 살다』가 있음. 문학플랫폼 『스토리 코스모스』 열편시집에 선정. 창작21작가상 수상.

동안

김은정

나는 발효인이다!

주전자에서 가야산 감로수가 끓는 동안
찬장에서 찻잔을 꺼내 향상 위에 놓는다.
끓인 물을 찻잔에 3분의 2 정도 붓는 동안
창밖에서 흰 사슴 전설과 백두대간이 만난다.

복숭아 차 한 봉지를 조용히 뜯어 꺼내는 동안
구석기 동굴 입구 같던 손톱 반달이 구름바다.
언어유희 고위평탄면 만나는 찻잔 속에 차를 넣는다.
여과지를 통해 복숭아 맛과 향이 우려내지는 동안
찻잔 속은 무릉도원 영지, 분란하던 만상이 잠잠하다.

어느 때에서 다른 때까지 그 시간의 길이
가령, 늠름한 풍광을 바라보며 위엄을 갖추는 동안
혹은 무심하게 잠자코, 무려 해인삼매 동안에도

비는 비의 일을 하고 바람은 바람의 일을 하나니

흔들리지 않는 은거울 마음
하늘의 뜻을 즐긴다!

김은정
1996년 《현대시학》 등단. 시집 『너를 어떻게 읽어야 할까』 『황금 언덕의 시』 『일인분이 일인분에게』, 청소년 시집 『열일곱 살 아란야』 가 있음.

고집과 억지라는 이름의 여자

김인숙

나의 앞은 그동안 너무 지쳐 있었어

나는 나의 말투에 오랜 시간 숨어 있었어
남아있는 말들은 모두 처절하게 외로웠으니까
사실 나는, 나의 어깨와의 불화를 고백하고 싶어
어깨는 항상 나를 딛고 내 키 위에 서려 했었으니까
주변 사람들은 나의 어깨가 내 키의 끝이라고 생각했었어
모나게 각을 세우는 일이라면
상대방의 각도쯤은 무시했었다니까

양쪽 어깨 위에서 언제나
애드벌룬은 날아오르려 했어

고집이 자라서 억지가 되는 동안
마을에서 나는 벽으로 불렸어
사람들은 나와 인사하려 하지 않고

나의 소문과 인사하려고들 했어

그쪽이 훨씬 편하다는 거였어

내 눈 속에서 나는 발버둥 쳤어

사람들은 말했지

'산을 힘껏 양팔로 안아서 옮겨 봐요,

바닷물을 단숨에 전부 마셔 봐요'

그때 나는 비로소 내 밖에

내가 여태 나가 있다는 것을 알았어

김인숙
2012년《현대시학》시, 2017년《시와세계》평론 등단. 시집『먼 훗날까지 지켜야 할 약속이 있다』가 있음. 한국비평학회 학술상, 시사사 작품상 수상.

고장난 파라솔

김지헌

테라스 한쪽 고장 난 채 서 있는 파라솔
고개가 삐딱 어느새 뼈와 살이 따로 논다

빗방울도 햇살도 놓쳐버리곤
하는 일 없이 멍때리고 있는 게 꼭 나 같아

건축업자가 집을 완성하고 입주한 그 순간부터
집은 조금씩 허물어지기 시작했다
영원이라고 믿었던 것들 조금씩 무너져 가듯

그와 내가
이것도 사랑이라며 동상이몽에 빠져 있을 때
때로는 햇살로 때로는 바람이나 빗방울로
서로를 단단하게 묶어 둘 수 있다고 생각한 게
얼마나 착각이었는지

남자와 여자가 사랑을 시작하면
사랑 한 스푼에 눈물 여섯 스푼쯤의
뜨거운 수프가 되고 만다고 했던가

한바탕 울고 나선 누가 볼세라 얼른 털고 일어나
다시 반짝반짝 새것처럼 닦아 내놓았었다

지금 와서 다시 보니
고장 난 파라솔을 제법 쓸 만하게 고쳐 놓은 사람
누구였을까

김지헌
1997년 《현대시학》 등단. 시집 『배롱나무 사원』 『심장을 가졌다』 외 3권이 있음.

개롱공원

김진돈

실타래처럼 얽힌 불안의 한 줄을 바람의 결 따라 풀어내는, 그런 순간이 있는 것이다

한의원 앞에 횡단보도를 건너면
선정의 경계에 들어선 듯 다른 세계를 본다
따라다니던 생로병사의 고민 덩어리가 한 발자국 한 발자국 내일로 걸어갈수록 툭, 투두둑, 떨어진다 바람의 옆구리는 숨죽이고

밤사이 내린 폭설이 은하수처럼 지천에 깔려있다 사위는 고독해지고
비상하다 내려온 개롱공원인가 선계인가

귓가에 머무르는 햇살 한 조각
눈의 무게를 견뎌내며 쭉 뻗어나간 소나무 가지
독백하는 무릎에 겹겹이 겹치는 바람이 서성이며

눈의 손금에 따라 허기를 녹이고 있는 것이다

시비是非에 얽힌 실타래를 풀어내는, 한순간이 오는 것이다 층층이 쌓인 바람 속에 눈 녹듯이 녹는 것들, 눈 속의 기억처럼

간간이 기울기를 재면서 고요를 찍는 긴 머리 소녀
지나가던 함박웃음에 고요가 떨어진다 툭, 투두둑

한 곳을 골똘히 응시하고 있다 주인이 부르는 소리에도
아랑곳하지 않는 견공, 바람도 숨죽이고 있는 하얀 눈빛에
조심스레 발자국을 따라가는 가벼운 감정선

바람 속의 말은 눈 속에 푹 묻혀 있다
적막의 숨결이다 무의식의 지층 같은 눈 속은
바람의 끝자락에 붙은 눈은

실타래처럼 얽힌 불안의 한 줄을 바람의 결 따라 풀어내는, 그런 순간이 있는 것이다

김진돈
2011년 《열린시학》, 《시와세계》 등단. 시집 『그 섬을 만나다』 『아홉 개의 계단』 등이 있음.

조르바에게 보내는 편지

김찬옥

헤이 조르바!
그동안 도덕 공식을 벗어나
자네가 세운 형이하학 전공은 다 마쳤는가?

차디찬 자작나무 꿈속까지 직접 왕림이라도?

자네 손에 들린 카드는 48쪽 동양화로나 볼 수밖에 없는 여자
 형이상학 발바닥이나 핥는
 가증스러운 중생 하나를 더 구출해 볼 생각은 없는가?

난 자유로운 영혼을 탈취하기 위해
 총칼을 제대로 휘둘러 본 일이 없었다네
 사랑이든 인생이든 전투에 나서면 항복하는 게 평화라 여겼으니…

쾌락을 부추기는 것들은 끝나지 않는 항해
남극 어디쯤에서 빙산에 부딪혀 나침판이 에게해 섬을 가리킨 건 아닌지,

그동안 배 안에서 화투판이 몇 순례나 돌고 돈 것인가?
쓸 만한 그림은 퇴폐한 마담에게 안겨주고
낙장 하듯 이제야 불쑥 까 놓은 두 장의 패,

두 개의 길을 들고 와 쇼당을 치는 이유나 한번 들어보세
수도사의 머리까지 불 싸지를 수 있는 자네와 내가 친구가 될 수 있을까
서로 다르기에 영원을 팔고 사는 거래가 어쩌면 더 쉬울 수도 있겠지

난 올리브나무 한 그루를 사십 년이 넘도록 가꾸며 살았네
정숙한 아내의 비결은 그 뿌리에 거름이 되는 일

망한 자유와 정지된 사랑을 더 깊이 잠재우기 위해
난 니체가 죽인 신을 살려내야만 했어
십 년을 넘게 한 곳에서 살아도
앞집 사람과 세이지 차 한 잔 나눈 적이 없다네

난 순간에게 몸을 팔 수 있는 마담 오르탕스도 아니요
담장이 낮은 과부의 집에 사는 건 더더욱 아니라서
자네의 영혼을 훔친 걸 칭찬이라도 해 줄만 하지 않은가?

사랑은 미래의 혼돈을 점칠 수 없기에
수많은 조각들로 기워 맞춘 난해해진 잠
어쩔 텐가, 한밤중에도 크레타섬이 물밀듯 밀려오네 그려

과부도 아닌, 마담도 아닌, 창녀도 아닌
늙어도 늙지 못하는 요조숙녀와 동침해 본 일은 있는가?

아기새를 품은 어미새는 동물일 수가 없다네
청춘을 사르지 못한 지나간 달력을 보면
천사로 가장한 악마가 우세한 나날들이었어

의미 없는 날에도 사순절이란 붉은 자물쇠를 채워야만 했으니
하얀 미사포를 머리에 쓰고
대천사 미카엘라가 되어 성당 안에서 성가를 부른 적도 있다네

허나 내 손엔 늘 전지가위가 들려 있어야만 했어
가깝거나 혹은 멀거나 세상엔 쳐내야 할 것들 뿐이었거든
믿고 가꾼 올리브나무에도 악마가 숨어들어
결국엔 미사포를 벗어 던져 불에 태우고 말았지

세상을 바꿔보아도 이 지상의 먹이로 사는 일은 고통의

연속이었어
  나 혼자 먹구름이 낀 하늘을 바치기엔 기둥이 부실했지
  빨랫줄도 타지 못하는 나약한 어릿광대일 뿐이었어

  난 다시 사백 년쯤은 떠돈 것 같아, 보리수나무 아래서
  그림자 하나 모셔다 침대맡에 모셔 놓고
  천수관음의 손가락을 세다 잠들기도 한다네

  무슨 연유인지 올리브나무 가지가 찢어지도록 열매가 맺
히는 일도 있네그려

  그래도 아침을 눈뜨게 하는 건 부처도 예수도 아니었어
  내 마음 양면엔 악마와 천사가 함께 공존하게 된 것 같아

  그들이 주는 일용할 양식 속엔 자유로운 영혼이 결핍되어
  여자가 채워야 할 종합 비타민은 늘 함량 미달이었지

난 살아남기 위해 울음의 강을 조심스럽게 건너야 했고
내일이라는 극약 처방전이나 손수 내릴 수밖에 없었다네

이제 와 내 앞에 펼쳐진 두 장의 화투패?
난 프로스트가 아니라서,
그래도 이것만은 확실하다네
난 연어보다 먼저 남태평양을 건너 회귀할 거라는

소리 없이 내 발밑에서 웃고 있을 세이지 꽃
 그 꽃은 이미 빛을 잃어 자네 앞에서 신음소리조차 낼 여력이 없을지 몰라도
 내 속에 사는 천사와 악마에게 비상구를 탈출하게 할 수는 있었네

 어떤가? 마침내 세상이 다 잠들기라도 했는가?

오늘 밤 자네를 만나러 가는 길에 장애물이 없어
이미 크레타섬 한적한 모래사장에 닿은 것도 같네

나 혼자가 아닌 셋의 발을 맞출 수 있겠나?
코발트 빛 바다가 춤을 추듯 시르키 춤만이라도 추어줄 수는 없겠나?

김찬옥
1996년 《현대시학》 등단. 시집 『벚꽃 고양이』 『웃음을 굽는 빵집』 등이 있음.

사하라의 그림자
—homo commons*

김추인

늪과 강과 바다가 모이던 사하라는 신의 정원

초록이 무성했던 대초원의 고대 사하라는
기록 속에 묻히고
이제는 숲도 바다도 사라진
모래 폭풍 몰아치는 바람의 땅
놀랍도록 아름다운 사구들 아래 묻혔을
목숨들의 문명을 떠올려 봅니다

모래 아래 숨어 있을 오아시스의 흔적도 물밑 화석도 큰 바위에 새겨진 암각화, 코끼리, 가젤, 기린 등속의 족속들 땅이었을 여기
옛 풍요의 서사를 추억하듯 바람의 현을 당겨 읊조리는 모래의 노래를 듣습니다

지구별의 기울기가 바뀌면서 푸른 사하라는

불볕의 사막이 되었습니다

가끔 살아있는 화석처럼 그림자처럼

언뜻언뜻 지나가는 터번 두른 이는

투아레그족이거나 베두인이겠거니 짐작하며 공연히 콧등이 시큰해지는 길손은 그들 곤한 등짝에 시선이 내내 따라갑니다

"먼지의 사막에서 온 나도 떠도는 유목인이라오"

*호모 커먼스, 공유적 인간

김추인
1986년 《현대시학》 등단. 시집 『모든 하루는 낯설다』 『해일』 등이 있음.

늪

김혜천

화사한 표정으로
하루하루를 일으키던 거울이
사금파리로 흩어지고

봄은 아직 결빙을 품고 있다

귀에 포진한 대상이
안면을 강타한 후
얼굴에 동거를 시작한 삶과 죽음

경계에서 흔들리다가도
허들을 딛고 뛰어넘던 사고체계도
잘 따라오던 영혼도 눈보라에 길을 잃었다

빙자옥질氷姿玉質이고 싶던 소망 실종되고
아치고절雅致高節도 아득한 절벽 되었다

복원을 위한 몸부림
하데스보다 차고 어두운 늪

가장 아끼던 것을 허문 이여
눈 한번 깜박이는 것이 기적임을

외롭다 여기던 길들이
보석함 열리는 길임을 알게 하려고
연단을 거듭하는 이여

천수 천안으로 슬픈 체온 어루만져
화사한 웃음으로 부추기는 이여

김혜천
2015년 《시문학》 등단. 시집 『첫 문장을 비문으로 적는다』가 있음.
푸른시학상 수상.

몽촌夢村
― 희토류 도시광산

나금숙

 타인이 원하는 내가 되는 것을 고민하지 않는 새들은 굴뚝 속으로나 하늘 속으로 거침없이 들어간다 나는 그게 항상 어려워! 답을 안다고 생각했는데 늘 익숙지 않네 신이면서 사람인 그를 잉태한 한 여인을 만날 때 엘리사벳은 태동을 느꼈지 그이를 만날 때 나도 그게 가능할까 섬을 건너다니는 새들도 어느 섬에서는 가슴이 뛸까

 희토류 도시광산에 대해 들을 때 귀가 즐거웠어 폐가전을 모아 희유금속을 캐낸다면 너와 내 속의 구질구질한 슬픔 속에 재생 가능한 기쁨도? 버려진 물건이 태동을 한다면 석면 가슴도 다시 울렁일 수 있겠지

 성문 밖 불당리 적설에 쓰러진 소나무에 균사체가 피어나 더군 먹이를 찾아 나선 유기견은 웅덩이에서 혀만 축이다가 석양 숲으로 사라졌어 힘없는 긴 꼬리의 슬픔 희게 따라오라는 화살표그림자 무엇이 되어줄까 무엇을 줄까 소리를 빨

아들인 구름 위로 산책을 다녀오자 눈도 안 뜬 물총새 큰물을 건너간다

나금숙
2000년 《현대시학》 등단. 시집 『그 나무 아래로』 『레일라 바래다주기』가 있음. 현대시학회 회장. 시인하우스 부주간.

춤추는 물컵

동시영

반쯤 열린 어둠
침묵을 악세서리로 달고

꽃밭으로 웃고 있는 편의점 지나
잠깐 슬퍼졌던 마음 건너
가을 열린 대문 9월 입구 안쪽,

쿠션, 커피잔, 믹서기…처럼 앉는 가페 사람들

넘치는 말들은
다홍빛 번개

초엔 불을 붙여 녹이고
비누엔 물을 붙여 녹이고
사람엔 시간을 붙여 녹이나?

바다도 결국 물 담긴 큰 컵
춤추는 물컵이지

구름 하늘 소금밭
너무 많이 바라보면
눈이 짜

세상은 미끄럼판
미끄러움은 새것의 입구야

행복은 필수 도구
쓰는 방법을 익혀야 해

하늘도 사람처럼
낮의 눈동자, 해
밤의 눈동자, 달

두 개의 눈동자를 가졌어
별들은 찬란한 나머지들이지

생각에도 새싹이 난다고
계절을 넘나드는

부부는 서로의 등대야

못난 건 잘 난 것을 비춰주고

사람도 거울
남의 모습만 보여 주는

마음도 너무 많이 쓰면 닳아빠져

어제를 밀면 오늘이 나와

미닫이 문이지

세상도 사람도 여백 많은 그림
모르는 것이 더 많은

사람도 결국 큰 가리개야

,,,,,,,,,,,,,,,,,,,

말의 번개가 생각의 초원初原을 두들긴다

말들이 카페를 연주한다

"아메리카노 리필 가능한가요?"

사실 같은 것들이 번쩍이며 조명하다 가고

순간의 틈새로

비밀들이 들어온다

동시영
2003년 《다층》 등단. 시집 『마법의 문자』 등, 산문집 『여행에서 문화를 만나다』 『문학에서 여행을 만나다』 『노천명 시와 기호학』 등이 있음. 시와시학상, 한국불교문학상대상, 월탄문학상 등 수상.

신작시

2부

류미야 문봉선 박남희 박이영
박재화 박철웅 백우선 서안나
서영택 설태수 손석호 신원철
안경원 우남정 유미애 윤재성
이건청 이기현 이나명 이미산
이수영 이순현 이영식 이영춘
이종성 이재무 임동확

정오의 산책

류미야

풀리는 2월 천변은 생각으로 이어지고
풀지 못한 물음은 그림자로 길어진다
가슴속 묻은 말들이
봄꿈처럼 흐느끼는 결,

결빙의 계절에서 살아 돌아온 왜가리
꼼짝없는 수심에 발목을 붙들린 채
마지막 남은 한 발을 총구처럼 장전했다

답 없는 도심에 존재의 닻을 내리고
왜? 라는 회의를 제 이름에 새긴,
물주름 환할 때까지 들여다보는
저 골몰

저린 물음들만이 생을 구원한다고
최후의 만찬 같은 한 끼 식사를 보며

풀리는 겨울 천변을

되짚어오는 한낮

류미야
2015년 《유심》 등단. 시집 『눈먼 말의 해변』 『아름다운 것들은 왜 늦게 도착하는지』가 있음.

곶감

문봉선

그 집 며느리 발뒤꿈치 함 봐라

버릴 데 하나 없다, 머리부터 발끝까지

매끈매끈 어디 군살이라곤 찾아볼 수 없는 조선간장 종지처럼 예쁜

그 집 며느리 혼자 보기 아까워

칭칭 실로 감고 짚으로 묶고 엮어 처마에 매달아

바람 은장도 맨살 허벅지에 닿으면 둥기둥둥 햇빛도 칼날(극형)인지라

동짓달 기나긴 밤 까맣게 쪼글쪼글 말라가고 있었지러

소슬바람도 소슬소슬 불어가고 대문 앞 댓잎 바람조차 덩달아 다녀가시며

싸리나무 울바자 안방 물렛줄 탁탁 심심한 소리 간을 당기듯

밤낮없이 기웃거리던 구름 망태 줄을 당겨서나 앉혔지요

혼자 새우는 밤마다 제풀에 지쳐
길고 긴 어둠과 싸우고 견디다 모가지 축 늘어져
숙성하고 숙성한 맛 소화 잘돼 더욱 성숙해진다고
기나긴 동짓달 밤도 어훙어훙
좋아한다면 무서워진다는 호랑이의 능숙한 달변에는 초를 쳐 돌려보내고
긴밤 자고 나니 햇볕도 분이라, 얼굴이 환해졌대요
오, 하느님이 곶감 하얀 분칠해 놓아 화장발 천연스레 곱게 먹혔네요

어린 감꽃 석류 바람 물결에 쏴 하고 뚝뚝 떨어지는 소리
한나절 처마에 매달린 쓸쓸함조차 가볍게 떨어지는
그리움도 짓무른 눈 속에 넣어서 아프지 않은
아기 아토피에도 효험이 좋다는 당도 높은 극찬
오만 풍상 잘도 견딘 상이라며, 신관神觀이라며
병도 주고 약도 주는 곶감 호랑님

동지선달 달빛, 햇살 앞에 날 선 발톱도 감춰주고
 바람 안방마님의 속곳 고쟁이, 속치마 저고리 중심으로만 돌다가
 휘청거리는 지구공
 기우뚱기우뚱 한쪽 귀가 쏠려
 텅 빈 허공 햇덩이가 하늘 치맛자락 당겨 폭마다 열두 그림자를 그려내면

 섣달 3동 그믐쯤엔 입춘절立春節이 다가와
 아무래도 동짓달 샐녘 분 바른 호랑님은 뒤가 켕기지 않겠어요

문봉선
1998년 《자유 문학》 등단. 시집 『독약을 먹고 살 수 있다면』 『진심으로 진심을 노래하다』 『시와 정치』 등이 있음. 한국현대시인협회 신인작품상 수상.

공무도하

박남희

반짝이다 요동치던 물 저쪽으로 너를 보낸 후
나는 건널 수 없는 강이 되었다 심연이 보이지 않는다

이곳에서 너를 향한 부력은 이름을 얻지 못했다
강물 위에는 낙엽 한 장에 얹혀있는 가을과
검불의 문장이 전부 다 암호 같다

너는 늘 흐르는 물 저쪽에 있다
나를 건너야 너를 만날 수 있다
견우와 직녀 사이에 흐르는 은하는 그들에게
어떤 문장이었을까

마음으로 마주 보는 것들은 서로에게 아득한 저쪽이다
저쪽과 이쪽 사이에는 어김없이 침묵의 강이 흐른다
어떤 날은 환영처럼 눈앞에 무지개다리만 놓였다 사라질 뿐

강에는 다리가 없다

지금 어떤 경계처럼 내가 흐르고 있다
나는 너를 만나기 위해 나를 건너야 한다
너는 늘 불편 저쪽에 있다
나는 어디론가 자꾸 흐르다가
저 혼자 깊어지고 있다

시간이 지날수록 물빛은 점점 맑아져
내가 나를 건너는 일은 불가능해진다
그럴수록 너는 내 앞에서 보름달처럼 선명해져
내 몸의 안쪽까지 훤히 비춘다

내 몸은 너를 향해 무슨 말을 해야 할 것 같아
쉬지 않고 출렁이는데
너는 여전히 내가 흐를 수 없는 저쪽이다

몸과 멀어진 마음의 저쪽은 늘 멀고 환하다
나를 건널 수 없어 오래 반짝이던 몸의 통증이
다리 없는 마음에게 무슨 말을 걸기 시작했는지
저녁 햇빛이 빠르게 기울고 있다

박남희
1996년 《경인일보》, 1997년 《서울신문》 신춘문예 등단. 시집 『폐차장 근처』 『이불속의 쥐』 『고장난 아침』 『아득한 사랑의 거리였을까』 『어쩌다 시간여행』, 평론집 『존재와 거울의 시학』이 있음.

달빛기행

박이영

왕실의 밤이
달빛에 들었다
왕의 부재로
모나리자의 미소는 보이지 않았고

구원하는 달빛이

7월 백조로 내려와
처마 끝 버선코로 발레를 한다

목선 긴 안무는 하늘의 난이도
눈 열고 귀 열고
능력을 넘어섰다

아마도 내일은 오스카상 후보에 들지도 몰라

갸우뚱한 박석도 무난히 걸어왔으니

구전口傳 두둑한

그 밤의 바깥에서

열흘이 황홀하도록

밤을 새웠다

박이영
2016년《예술가》등단, 동인지『슬픔은 나의 힘』이 있음.

어떤 방백傍白

박재화

어화, 사람들아 이 내 사연 들어보소
그대들은
충북 단양군 영춘면 하리 도로가에[1] 잠든 내가
평강공주 덕에 벼락출세한 걸로 알지만
천만의 말씀, 만만의 말씀
이 온달溫達이 일천오백 년간 고구려인들의[2] 가슴에
살아남은 건 그런 까닭이 아니외다

돌아보면,
고구려 22대 안장왕[3]은 백제 한씨 미녀와 염문을 뿌리더니 시해당하고,
그 동생 23대 안원왕安原王 때엔 후사를 둘러싼 갈등으로 이천 명이나 죽었으며[4],
맏아들 24대 양원왕陽原王은 국내성파의 반란[5]을 간신히 진압하였으나 그만 한강 유역을 잃고,
그 맏아들 25대 평원왕은 왕궁을 옮기면서까지[6] 집권파

인 상부 세력을 견제하며

　왕권을 강화하려던 중이었소

　이처럼 오래 나라가 어지러우니 5부[7]의 귀족들에게만 국정을 맡길 수 없어

　나 온달과 연태조淵太祚[8], 을지문덕 등 신흥 무장세력이 나서게 된 것이오

　평강공주가 동부의 고씨 가문에 시집가지 않고

　내게 의탁한 건 바로 안티 동부 세력의 결성이었다, 이 말이오!

　내 의복이 남루하다는 것도 실은 고구려 정통 관료의 복식을 따르지 않았음을

　권력층이 시샘한 것뿐이고

　정쟁에 휘말리기 싫어 처음엔 어머니도 나도 공주를 피했던 것이나

　평강공주 모녀의 거듭된 간청에 결국

국가를 보위하는 데 한 몸을 바치기로 하였던 것이외다
이 몸이 턱도 없는 신데렐라 기적 신화의 주인공도 아니고
평강공주의 꼭두각시는 더더욱 아니란 말이오
오히려 평원 왕비를 비롯한 왕실이 나를 필요로 하였던 것!

암튼 이왕 혼인을 맺었으니 이젠 국가와 왕실에 충성할 뿐
후주後周 무제武帝의 요동침략을 앞장서 격퇴한 것도[9] 그 한 활약이라오
나아가 조국의 숙원사업인 계립현과 죽령 이서以西[10] 회복에 몸소 나섰으니
이는 장인인 평원왕의 붕어와 처남인 영양왕의 등극과 맞물려
내가 자청한 일이오
그리하여 신라의 적성산성赤城山城에 맞서 온달산성阿旦城을 쌓고
회심의 공격에 나섰으나 중과부적으로 일단 퇴각,

뒷날을 도모코자 부하들의 도강 작전을 지휘하다
그만 날아드는 화살流矢에 맞아 뜻을 펴지 못하고 말았으니
이 몸의 실망과 한이 얼마나 크면 관棺이 움직이지 않고 멈췄겠소
공주가 와서 달래고 처남 영양왕도 못내 애통해하므로
마지못해 걸음을 옮기긴 했지만······

어쨌거나 온달동굴 쉬는골 통쉬골 돌무지골 안이골······ 등
당시의 치열했던 전투의 흔적이 상기도 남아 있고[11]
온달 윷판이란 이름의 전략도戰略圖 구실을 한 윷판 바위도 그대로이니
비록 천오백 년 세월이 흘렀어도 온달산성 아래를 휘감고 도는
저 시퍼런 강물의 증언을 뉘라서 부인하겠소?
그런즉 이 몸은 꼭두각시나 남자 신데렐라가 아니라
온전히 고구려를 지키고 사직을 옹위한 참 군사들의 표상이자
국가의 동량이요 겨레의 영웅이었다, 이 말이오!

1) KBS-TV 역사스페셜(2001.11.24). 길이 22M, 높이 10M의 층계식 적석총. 그보다 작은 규모의 돌무덤 5基가 주변에 더 있었는데, 온달과 함께 전사한 부장들의 무덤으로 보기도 함.
2) 고구려는 적어도 장수왕 때부터 국호를 高麗라 하였고, 스스로 '고리(또는 구리)'라 불렸다는 것이 통설이지만 여기에서는 읽는 이의 혼란을 막고자 관례대로 '고구려'라 표기함.
3) 安藏王(재위 519~531). 文咨王의 맏아들. 삼국사기는 그 사인에 관해 언급하고 있지 않지만, 일본서기는 고구려 사신들의 입을 빌어 그가 시해 당했다고 기술함.
4) 安岡上王 또는 香岡上王이라고도 함. 후사를 둘러싸고 추군(麤群, 새 수도인 평양성 세력)과 세군(細群, 기존 수도인 국내성 세력)의 다툼으로 사회가 혼란스러웠음.
5) 557년 10월. 옛 도읍인 환도성 세력을 이끌고 일으킨 간주리(干朱理)의 반란.
6) 평강왕 또는 平崗上好王이라고도 함. 長壽王이 평양의 북동쪽 대성산성(大城山城)으로 수도를 옮긴 뒤 양원왕이 대규모의 長安城(평양) 축성공사를 시작하였는데, 평원왕 28년(586년) 완성시켜 천도함.
7) 고구려의 중추세력은 내부(계루부/황부라고도 함), 북부(절노부/후부라고도 함), 동부(순노부/좌부라고도 함), 남부(관노부/전부라고도 함), 서부(소노부라고도 함)의 5부임. 처음엔 소노부, 6대 태조왕부턴 계루부의 高씨가 왕위를 이음. 동부는 上部(또는 청부)라고도 하며, 평원왕 시절의 집권세력이기도 함.
8) 연개소문의 아버지. 연씨 가문은 연개소문의 조부 연자유(淵子遊) 때부터 두각을 나타낸 것으로 보임.

9) 그 공로로 온달은 578년 11월 고위직인 大兄이 됨. 대형은 고구려 고유어로는 '힐지(纈支)'라 하며, 주서(周書)에는 전체 13관등 중 3위, 수서(隨書)에는 12관등 중 2위, 신당서(新唐書)에는 12관등 중 6위, 한원(翰苑)에는 14관등 중 7위로 기록됨.
10) 550년에 신라에 빼앗긴 지역.
11) 단양 永春面 下里에 있는 '온달동굴'은 천연동굴로서 온달장군이 수양/수련한 곳. '쉬는골'은 온달이 포위된 온달산성을 2차로 뚫고 한강변에 뛰어내린 발자국이 남은 바위가 있는 곳. '꼭두방터'는 신라 기마병들을 막기 위해 진치던 곳. '쇠점불이/쇄골'은 전투장비를 수리하던 곳. '피바위골'은 양군의 격렬한 전투로 사상자들의 피로 물든 바위가 널린 곳. '통쉬골'은 집단 화장실. '돌무지골'은 많은 전사자들을 일일이 흙에 묻을 수 없어 돌로 쌓아 표시한 곳. '분산골'은 고구려군이 한쪽 골짜기로 진격하면 집중공격을 받을까봐 나눠서 진격한 곳. '안이골'은 양군의 부상병들이 고향으로 돌아가지 않고 남아 함께 섞여서 산 곳.

박재화
1984년 《현대문학》 등단. 시집 『도시의 말』 『우리 깊은 세상』 『전갈의 노래』 『먼지가 아름답다』 『비밀번호를 잊다』 등이 있음. 기독교문학상 등 수상.

미아리 텍사스

박철웅

 이제부터 나는 너를 목련꽃 그늘이라 부르겠다. 밤길 걸을 때마다 무시로 물빛을 바꾸며 웃는 너를 한밤의 물안개라 부르겠다. 마음이 울적할 때도 마음이 들떠 있을 때도 너는 현란한 눈빛으로 때론 적막한 입술로 밤을 빨아들였다.

 이제부터 나는 너를 점멸등이라 부르겠다. 술 한 잔 얼큰하게 걸치고 너의 옆을 지날 때마다 잠깐 쉬었다 가실래요? 한 줄기 떨리는 마음을 건네는 너를 불안이라 부르겠다. 사람들이 너를 뭐라 부르든 간에 너는 언제나 혼미한 고독이었다.

 이제부터 나는 너를 빛의 습지라 부르겠다. 바닥에서 스멀스멀 피어오르는 널 지켜보던 때, 어디선가 밤꽃 냄새가 흘렀다. 순간 허기진 눈동자가 개구리울음처럼 피어올랐다가 사라졌다. 바닥의 근저에는 언제나 원초적 떨림이 수런거렸다.

이제부터 나는 너를 꽃등이라 부르겠다. 순하디 순한 네가 길거리에서 상처꽃을 파는 소녀의 또 다른 이름이라 해야겠다. 어쩌면 꿈속에서 몇 번 보았거나 거리에서 마주쳤을 수줍은 네가 여기까지 흘려왔음은, 우리들의 우울한 유혹일 수도 있겠다.

이제부터 나는 너를 저문 강의 몸빛이라 부르겠다. 산전수전 지나 설상가상 너머 허우적허우적 흘러들어온 미아의 집, 어둠이 몰려들면 벌집마다 한 서린 노랫가락, 질긴 삶을 안주 삼아 소주 한잔 기울이는 소녀의 가슴에 울음이 무지개로 피었다.

박철웅
2012년 《리토피아》 등단. 시집 『거울은 굴비를 비굴이라 읽는다』가 있음.

팔레스타인 피에타

백우선

이스라엘군 공습으로
알자지라 방송 가자지구 지국장 와엘(53)은
2023년 10월 집에 있던 아내, 아들(15), 딸(7), 손자(1)를 잃었고
자신은 12월 취재 중 오른손을 다쳤으며
올 1월 7일엔 'PRESS'가 선명한 방탄조끼를 입고 차로 이동하던
같은 방송 기자인 아들 함자(27)도 잃었다.

손자 주검은 아들 함자 무릎 위에
아들과 딸과 아내의 주검은 와엘 무릎 위에 안겨있었는데
1월 7일부터는
손자, 아들 둘, 딸, 아내의 주검은 모두 와엘 무릎 위에 안겨있다.

백우선
1981년 《현대시학》 등단. 시집 『훈韋』 등이 있음.

밤의 성분

서안나

밤은 어디까지 마음일까요
나는 밤을 오래 생각한다
무언가에 심취하는 일은 사랑과 같아
간 허파 심장 갈비뼈 순서로 아프다

밤에 쓴 메모는 진실일까
밤에 쓴 메모를 아침에 지운다
밤은 휘발성인가

누군가 밤의 창문을 모두 훔쳐 간다
제멋대로 지나가는 것들마저 아름답다
약하고 아픈 것들은
수분이 많은 영혼을 끌고 다닌다
그래서 밤은 설탕 성분이 1:3 많고 고장이 잘 난다

내가 노래를 부르면

밤은 프로파간다처럼 모자를 쓰고
버려진 개와 고양이와 실패한 공원을 키운다
당신과 나와 실패한 것들은
왜 모두 밤에 포함되는가
공원의 밤은 왜 엔진처럼 시끄러운가

이어폰을 끼면 밤이 밀봉된다
유통기한이 길어진다

연결부위가 단단하다 밤은, 가끔 달아난다

서안나
1990년 《문학과비평》 등단. 시집 『푸른 수첩을 찢다』 『플롯 속의 그녀들』 『립스틱발달사』 『새를 심었습니다』, 평론집, 연구서, 편저 등, 『전숙희 수필 선집』, 동시집 『엄마는 외계인』이 있음.

고양이가 나를 따라온다

서영택

퇴근길에 만난
어린 길양이 한 마리

남루한 저녁 불빛을 걸친 마른 몸매
검은 바탕에 커다란 흰 벨트를 하고 있다

막막함이 드리운 표정
무엇을 찾아 헤매고 있는가

  난 야옹 하면서 쇼핑백을 만지며 부스럭 소리를 냈다 고양이는 나를 따라온다 한 끼의 식사를 기대했을까 처음에는 속이는 맛에 재미가 있었지만 바로 후회했다 쇼핑백에는 고양이가 좋아하는 먹을 것이 없었다 쓸쓸한 배고픔을 이용한 나는 미안하기도 하고 해서 뒤돌아보지도 않고 집으로 빨리 왔다 마음이 아파 밥을 가지고 그 장소로 갔지만 고양이는 보이지 않았다 어린애도 아니고 어른이 이런 식으로 속이다니 하면서 화가 났을 것이다 밤하늘에 쪼그리고 앉은 별들이 나를 탓하는 듯하다 그 후 나는 그 고양이를 만나기를 기대하면서 빵 한 개를 한동안 가지고 다녔다

언젠가 나도 무언가에 이끌려 따라간 적이 있다
나를 이끈 것은 소리였을까 향기였을까

화려한 불빛을 보고 무작정 뛰어들던 때도 있었다
헛된 욕망의 부스럭 소리가 나를 따라온다

진실은 언제나 눈이 멀고
나는 눈먼 어둠의 골목으로 사라진다

서영택
2011년 《시산맥》 등단. 시집 『현동 381번지』 『돌 속의 울음』이 있음.
2020년 문학나눔 도서선정. 조지훈문학상 수상.

하얀 악어

설태수

이런, 쟤가 들키고 말았네.
엄청 내렸던 눈이 그치고
서서히 부피를 줄여갈 무렵
악어, 눈과 한 몸이 된 악어가
굵은 나무줄기에
하얗게 웅크리고 있었다.
발 넷은 바짝 몸통에 붙였고
머리는 나무 맨 위쪽으로
꼬리는 배 밑바닥에 숨겼다.
저러고 있으면 모를 줄 알았나.
시끌시끌한 차량들 소리
자기 자신에게 빠져 있는 사람들
드문드문 까마귀 까치들 날고 있어
설마 자기한테 눈길 줄 이가
누가 있으랴 했겠지.
아, 그러나 완벽한 위장은 없는 법.

나무 몸통 타고 미세하게 오르다가
그만 들키고 말았던 것.
버스 기다리다 다가오는 노을빛
올려보다가, 큰 눈은 마지막인가
이상하게 버스도 안 오네 하다가
하얗고 하얀 악어 등짝을 보고
만 것이다. 모른 척 혼자 웃고
만 것이다. 그 녀석,
눈 뒤집어쓰고 있지 않았으면
나도 놀라 자빠졌겠지.
그럴까 싶어 저토록 숨소리 죽인 채
있었나. 백설 침묵이
꿈틀하는 듯하였다.

설태수
1990년《현대시학》등단. 시집 『빛들의 수다』 등이 있음.

애인

손석호

눈뜨면 숫자가 먼저 일어나 있다 숫자는 나를 한번 안아주고 문을 열고 나간다

문 앞에 기다리고 있던 숫자는 내가 자전거를 타면 뒷자리에 앉고 버스를 타면 옆자리에 앉는다

숫자가 점점 바싹 달라붙는다 그럴 때마다 나는 숫자를 떼 멀리 던진다

돌아서면 금방 숫자는 제자리로 돌아와 있다 누군가 숫자를 데려갔으면 좋겠다

내가 떠나는 게 빨랐다

한동안 나는 허리를 펴고 걷는다 머릿속에 남아있는 숫자를 지우기 위해 머리를 자주 감는 버릇이 생겼다

숫자는 싫었지만 필요하고 계속 생각난다 밥 먹을 때는 생각나지 않았으면 좋겠다

언젠가부터 주사위가 주머니 속에 들어있다 손가락으로 만지작거리고 굴리다가 아무도 없으면 꺼내어 던진다

어차피 아플 거니까 더 아파하라고 가능한 한 높게 던진다 억지로라도 춤추는 자세로 신나게 하나둘 셋, 숫자는 많으면 많을수록 좋잖아 큰소리로 넷 다섯 여섯

이제 집으로 가야 하는데 7016번 버스는 어떻게 던지면 조합할 수 있을까?

손석호
2016년 《미래에셋, 주변인과문학》 등단. 공단문학상 및 등대문학상 당선. 시집 『나는 불타고 있다』 『밥이 나를 먹는다_ebook』가 있음. 파란 문학 나눔 도서 선정.

불면

신원철

터벅터벅 마른 발소리
머리 위
열사의 태양
시곗바늘처럼 일정한 보폭
끝없이 사각이는
모래의 이명
점점이 찍히는 발자국 뒤에
따라오는
그림자의 적요

신원철
2003년《미네르바》등단. 시집 『세상을 사랑하는 법』 『동양하숙』 『닥터존슨』 등이 있음. 2015, 2019년 문학 나눔 선정.

다시 생각을 버리고

안경원

무엇을 이루어 간다는 생각을 버린다
살아보겠다고 식탁과 의자를 사고 책상도 들이고
그릇에 수저를 사던 젊은 아낙이 떠오른다
이젠 아니라고 소리 내어 말한다
살림 단출하게 늙어가자고
들어내 버리면서도 떼어 둔 땅이 있는 양
거기에 나무들 키우고 있는 양 걸어두던 끈
그것이 아니라고

엊그제 만나 밥 같이 먹고 한바탕 속엣 얘기하며
마음이 비슷해진 길동무들
따로 떼어 놓은 것이 있다 해도
쏠린 자국 비슷하여, 다 아는 것은 아니어도
멀어졌던 자리 가까워지며 마음이 순해진다

달무리로 텅 빈 곳 같은

회귀하는 연어의 모천 같은

그곳으로 가는 길로 들어서기를 망설인다

이쪽에 앉아 할 말이 좀 더 있을 텐데

말과 글이 생각과 더 가까워지고

속에서 나와 바람을 열어

쓰디쓴 심정 오래 닫아 둔 상자들 열어주려네

저쪽 길도 흙을 밟거나 물을 마시며 걷는 곳일까

처음 닿는 허공으로 날개 달린 물고기로

헤엄쳐 들어가는 곳이려나

말과 글을 잊고 걸친 옷들 주머니 속 비의秘意들

내던지고 나도 모르는 사람으로 물고기 눈을 뜨고

안경원
1977년 《현대문학》 등단. 시집 『십자가 위에 장미』 『바람에 쓸리는 물방울은 바다로 간다』 등이 있음.

거북아 거북아 머리를 내놓아라*

우남정

마디에 마디를 잇는다
마디의 옆구리에서 길을 꺼낸다
그 끝에 빨간 페디큐어를 칠한 발가락이 달렸다

게발선인장 마디를 따서 흙에 꽂았다
잘린 자리에 생장점이 있다니
뿌리 내린다는 말이 어찌나 깜깜한지

모래밭에 부화한 새끼 거북이
온힘을 다해 바다로 기어가다, 멈춘 듯 했다

고작 내가 한 일이라곤
등 터지도록 물 먹이는 일이었다
소금 뿌린 듯 따가운 볕에 말리는 것이었다

서툰 주술도 주글거렸다
뿌리 내린다는 말이 얼마나 막막한지

한 조각이 죽은 듯 엎드린 시간

마디에서 마디가 나고 마디가 다시 마디를 내밀어 마디를
이어가고 그 마디 끝에 붉은 꽃 한 송이 매달 때까지,
사막에 뿌리내리는 일

햇볕에 빛나는 것은 파편(破片)의 모서리

상처에서 흰 마디를 꺼낼 때까지
가마우지 떼의 먹이가 되지 않고 바다에 이를 때까지

*구지가

우남정
2008년 《다시올文學》, 2018년 《세계일보》 신춘문예 등단. 《돋보기의 공식》 당선. 시집 『구겨진 것은 공간을 품는다』 『뱀파이어의 봄』 등이 있음. 김포문학상 대상 수상.

초콜릿 먹는 밤

유미애

 희다는 말의 쓸쓸함을 배우기 전 수단*이 떠났죠 당신도 제 종족을 목에 걸고 떠도는 구름을 쫓은 적 있나요? 눈사람을 보낼 수 없어 기타를 치고 꽃향기를 가두고 싶어 새를 기르지만, 인간이어서 슬픈 땐 초콜릿을 먹어요 달콤한 상상의 클라이맥스는 공포, 지키지 못한 약속은 쌓여가지만

 손톱의 반달이 자라는 건 우리가 뒷걸음을 모르는 種이라는 뜻, 해답보다 질문이 많은 나는 잃어버린 북부의 밤으로 돌아가 꽃나무와 이별한 새를, 싸구려 침대를 사랑한 낙서 같은 애인들을 생각해요 나쁜 짓을 하던 날들 중에도 영혼의 뿔을 믿으며 웃는 순간이 있었을까 밀림의 숨소리로 귀를 파며, 토끼처럼 단단한 똥을 누고 둥글게 누워 초식의 잠을 청하지만

 모든 것의 끝이자 시작인 엄마, 당신 눈의 무덤을 세는 밤이 늘어가요 장화를 신는 아침이 무릎 속의 기타 소리가 저

물고 있어요 먹다 버린 한 시대의 쓴맛을 이해하기까지, 우리는 얼마나 많은 밤을 방황해야 할까요

*수단 : 북부흰코뿔소의 마지막 수컷 이름

유미애
2004년 《시인세계》 등단. 시집 『손톱』 『분홍 당나귀』가 있음.

원정

윤재성

꽃덤불 속으로 죽은 개를 던지고 있습니다

줄을 쥔 사람 속에서 저는 웁니다

봄소풍 속으로 화자는 떠납니다

오르간이 끝난 후에도 후에도 너희는 웁니다

화자가 데리고 가는

화자와 개들과 오르간 연주자와 노부부와 수호천사와 줄을 쥔 산책자들과

꽃덤불 속에 계신 우리들이

공정하게 괴로워하고 있습니다

봄소풍 속으로

만물이 참 잘 비약합니다

비약하고서는 돌아오지 않습니다

비약하고서는 돌아오지 않겠습니다

윤재성
2023년 《현대시학》 등단.

천둥 번개 덧쌓인 바윗길에서

이건청

태백에서 영월 쪽으로
차를 몰고 오면서
쉼 없이 스쳐 가는
바위 벼랑들을 만난다.
저 바윗돌들이
지구가 겪어온
전 역사이며 꿈이고
풍설이며,
세수歲壽 몇 억년,
지구 역사의 기표임을
천둥 번개로 촘촘히 짜 올린
그 시간의 몸뚱이임을

어느 바위 면은 어긋나 있고
휘어져 있으며
솟구쳐 있기도 한데

누 억 년 지구가 견딘

융기, 분화, 단절 그 모습 그대로

뭉치고 굳어

이 산하의 벼랑이며 비탈 되어

누억 년 서 있구나

태백을 지나 영월도 지나

이 나라 어디서나 흔히 보는

바위 벼랑 길을 휘돌아 가며

누억 년 지구 역사를 헤인다.

이건청
1967년 《한국일보》 신춘문예 등단. 시집 『실라캔스를 찾아서』 『곡마단 뒷마당엔 말이 한 마리 있었네』 등이 있음.

빛과 사랑과 당신

이기현

검은 개울가에 누워
혼자가 아니라는 착각 때문에
몸이 썩기 시작할 때까지 잠들기로 했지

아픈 것 또한 해야 할 일이니까
몇 번씩 잠에서 깨어
개구리 울음소리가 들려오면
아직 살아있다는 통각에 놀라면서

망설이느라 부치지 못 한 편지를
다시 편지 봉투에 집어넣듯이
조금 더 긴 절망이 있겠구나 싶었지

어느 한 지역의 횡단보도 신호를 외울 때쯤
그 지역을 떠나게 되었던 것처럼

이곳은 언제 떠나게 될까

집단의 슬픔이 이어지고 있는데
이곳을 증오하게 된다고 벗어날 수 있을까

매번 내가 믿는 것과 믿어야 하는 게 달랐을 때
공포가 무대를 조성하기도 했다
그런 날은 물처럼 자다가 석고상으로 일어났지

기도의 모양이 다르다는 이유로
나만 매일 악해지는 기분
그래도 혼자라고 생각해 본 적은 없어

나를 떠나는 것들은 모조리
내게서 도망치는 것과 다르지 않았으니까

빛도 층을 쌓아 그곳에 앉을 자리를 만들어
내가 무엇을 사랑했는지 알 수 없어 괴로울 때
그게 사랑의 형태였다고 알려주었지

다만 나는 빛으로 이루어진 그네에 앉아
조금 더 긴 절망이 있겠구나 싶었을 뿐

혼자 흔들리며
어디까지가 삶이고
어디부터가 죽음인지

검은 개울가가 박명을 받아들이며
썩어가는 육체를 드러나게 할 때
내가 떠올렸던 건

빛도 사랑도 당신도 아니었어
빛과 사랑과 당신의 곁이었어

이기현
2019년《현대시학》등단.

슬픈 꿈

이나명

새벽녘
낮은 블록 담장 위에서 고양이가 엎드려 자고 있다
잔뜩 웅크린 등허리에 물방울들이 총총히 맺혀 있다
밤새도록 슬픈 꿈을 꾸고 있었나 보다
잠 속으로 찾아온 누군가 막무가내 그를 붙들고
놓아주지 않았나 보다
꿈으로 환생하여 찾아올 수밖에 없었나 보다
꿈꾸는 이의 옷깃에 눈물 흠뻑 받아낼 수밖에 없었나 보다
그는 잔뜩 오그린 오금을 펴지도 못하고 꼼짝없이 엎드려
용서를 빌 수밖에 없었나 보다
무슨 잘못을 했기에
도대체 왜 그리 용서가 안 되는 것일까
전생의 더 더 전생의 어떤 죄가 있어 여태
사해지지 않는 것일까
용서받지 못하는 것일까
아예 꿈속으로 들어가 저리 엎드려 버린 것일까

날이 점점 밝아오는 줄도 모르고

꿈 밖으로 나오기만 하면 다 사라지는 줄도 모르고

도무지 일어날 줄 모르는 그를 단박에

깨워 일으키고 싶다

이나명
1994년 《현대시학》 등단. 시집 『금빛 새벽』 『중심이 푸르다』 『그 나무는 새들을 품고 있다』 『왜가리는 왜 몸이 가벼운가』 『조그만 호두나무 상자』가 있음.

(여름 끝에 찾아온……) 봄*

이미산

퍼렇게 들러붙은 여름
구워지듯 지글거리는 친절

나는 늦게 깨어난 애벌레
들키기 쉬운 쪽으로 숨어드는 어리둥절

확신을 물고 있는 여름의 어금니는 탈피를 재촉하는 거친 숨소리

다시 온 계절은 낯익은 듯 낯섦투성이

둥지를 허락한 나무는 불면으로 뒤척이고 살을 찢고 나오는 봉오리가 생경하고 문득 친절해진 허공은 시퍼렇게 물든 눈알 이리저리 굴리고

나무마다 붉은 소문이 내려앉고

나는 전신에 어둠을 바르는 현기증을 앓고 낯익은 손님이 찾아올 것 같아 희미한 설렘에 한 겹 또 한 겹 권태를 벗기고 미처 몰랐던 내 화사함에 화들짝 웅크리고

　꼴람을 그리는 마음으로 문간을 서성일 때

　당신은 어디에 있습니까

　자꾸만 환청이 들렸고
　차오르는 위험이 은근 달콤했고

* 조근현 감독의 영화 〈봄〉에서 빌림

이미산
2006년 《현대시》 등단. 시집 『아홉시 뉴스가 있는 풍경』 『저기, 분홍』 『궁금했던 모든 당신』이 있음.

삶의 기쁨, 앙드레 브라질리에

이수영

황금 일향 꽃대
나의 생일을 기억하고 말하는 꽃

향기는
첫눈으로 내 마음에 내려 쌓인다

노래는
숫눈으로 내 가슴을 적시며 울린다

황금빛 복륜
노오란 그늘

황금 일향 첫 꽃대
내 푸른 영혼의 심장

이수영
1994년 시집 『깊은 잠에 빠진 방의 열쇠』로 작품 활동 시작. 시집 『무지개 생명부』 『안단테 자동차』 『미르테의 꽃, 슈만』, 시선집 『슬픔이 보석이 되기까지』, 산문집 『잠시 또는 영원의 생각』 등이 있음.

다시 보러 갔다
—반지

이순현

한 여자가 있었다

파도를 파내고 들어가 누운 여자
바다와 한맛이 되어가는 여자

그녀를 보러 가는
지하 1층과 2층과 사이에는 m층이 있었다
매번 그냥 통과하던 엘리베이터

모서리에 선
모자 쓴 남자가 m버튼을 누른다
m의 안쪽은 파도의 내부처럼 흐릿하고

터널 같고 블랙홀 같은
반지의 흔적이 있었다

사랑과 증오가 박아 넣은 표백된 기호

손가락을 가둔 하얀 환,
다시 보러 m층을 지나간다

s열 49번 좌석
시작부터 흐느끼던 관객도
거기 그대로 있을까

안개는 사람마다 다른 소실점에서 피어올랐다
흐린 파도 속으로 파고들던 그녀가
잠깐 뒤돌아보았을 때

나는 스크린과 한맛이 되어 있었다

이순현
1996년 《현대시학》 등단. 시집 『내 몸이 유적이다』 『있다는 토끼 흰 토끼』가 있음.

그늘줍기

이영식

복지경 땡볕에 노출된 사람들
저마다 그늘막 찾으려 눈을 부릅뜬다
작은 그늘이라도 주워 모아야
잠시라도 무더위를 피할 수 있으니
부채나 양산 펼쳐 차양을 둘러보지만
이마와 가슴으로 흐르는 땀방울
그늘 줍기가 누워 떡 먹듯 쉽지만은 않다
휴가철 비치파라솔 그늘 한 평은
부르는 게 값, 몇만 원을 쉽게 넘어선다

그늘 줍기의 역사는 얼마나 유구하던가
부활과 구원의 통로였던 카타콤
이천여 년 전 예수의 그늘 부여잡고
열두 제자가 탄생했으며
눈먼 자와 혈루증 여인이 치유 받았다
뿐이랴! 그늘은 지금도 진행형이니

아직 태어나지 않은 시
상상과 은유가 우글거리는 그늘을 보라
생명 같은 시 한 구절의 감동이
누군가의 자살을 살자로 뒤바꾸기도 한다

그늘은 여름의 허파라 부른다지
누구에게나 이물감이 없다
그 깊은 폐활량이 우리를 숨 쉬게 한다
실시간 그늘 찾기 앱을 검색해 보자
그늘을 줍고 시를 줍는다 함은
정신을 살찌우는 것

늘 푸른 나무로 나를 세우는 일이다

이영식
2000년 《문학사상》 등단. 시집 『꽃의 정치』 『휴』 『희망온도』 등이 있음. 애지문학상, 한국시문학상 등 수상.

상처

이영춘

때로는 가까이 있는 사람이
가장 큰 상처를 줄 때가 많다
그것은 소나무 가지들처럼
바람이 불 때마다 서로 부딪치기 때문,
봄에도 때아닌 폭설이 내리듯
너와 나 사이, 우리들 사이에
느닷없이 부는 바람 때문이다
일기 예보가 빗나가듯
감정도 때때로 엇나가는 것
옹이진 나무가 더 단단하듯
우리들 몸과 마음의 옹이도
이 세상을 건너가기 위해
바람이 놓아주신 다리 같은 것
하늘이 제공해 준 우산 같은 것
그 상처, 그 옹이를 안고

나는 오늘도 절름거리며 세상을 건너간다

이영춘
1976년 《월간문학》 등단. 시집 『시간의 옆구리』『봉평 장날』『노자의 무덤을 가다』『그 뼈가 아파서 울었다』『해, 저 붉은 얼굴』 등이 있음. 고산문학대상. 유심작품상. 김삿갓문학상 등 수상.

두루미의 겨울나기

이종성

눈물도 월동지가 있다
아버지의 허리 깊은 수술자국을 닮은
남방한계선이 지척인 울음과 눈물의 접경지역
빙애여울은 얼지 않는다
한밤중 가만히 귀를 기울이면
허리를 꺾은 갈대들이 몸을 웅크리고
속울음을 삼키며 가만가만 겨울 강이 우는 소리
들리는 날이 있다
그런 날 밤이면 불면의 강여울에 발을 담그고
밤새 외발로 서서 잠을 자는 새의 다리에
통증이 올라오는지 내 다리에도 쥐가 난다
바닥에 누워서 잠을 자야 하는
발을 가진 존재들의 숙명을 거부하는 고단한 새의
외로움이 뭉친 단단한 뼈는 골다공증을 모른다
한 번도 자신의 다리를 쭉 뻗고 주물러본 적이 없는
새는 이 겨울 끝자락에서

멸종될 수 없는 것들을 위해 붉은 단정丹頂을 머리에 이고
다시 눈 덮인 히말라야 산맥을 날아
시베리아로 돌아갈 날을 생각한다
먹이를 탐하고 숭상하기보다는
그 하얀 정신의 날개를 열망하는 새는
또 얼마나 높은 곳까지 멀리 날아야 하는 것이냐
여기는 지금 새의 울음이 비탈을 이룬 민통선
울음이 없는 자는 출입이 거부되리니
접경의 여울에서는 겨울도 얼지 않는다

이종성
1993년 《월간문학》 등단. 시집 『산의 마음』, 산문집 『서울, 골목길 이야기』 등이 있음. 수주문학상, 한국산악문학상 등 수상.

미루다

이재무

오늘 할 일을
내일로 미루며 살자.
내일도 못하면 모레,
모레도 못하면 글피,
차일피일 미루며 살자.
오늘 할 일을 오늘에
다 해야 한다는 강박으로
지옥의 삶을
살아왔으나 뚜렷이 이룬
성과가 없다.
여생은 해찰하며
누수와 방만을 살자.
사는 데 너무 많은 지식은
오히려 독이 될 수 있으니
책도 멀리하기로 하자.
머리만 비대하고

다리가 가는 몸은 기형이니
지식 대신 지혜를 살자.

이재무
시집 『섣달 그믐』 『온다던 사람 오지 않고』 『슬픔은 어깨로 운다』
『한 사람이 있었다』 등이 있음. 윤동주상, 소월시문학상, 이육사시
문학상, 정지용문학상 등 수상.

침묵의 소리

임동확

 겨우 봉인한 진실이 사라질지도 모른다는 환상에 뜬눈으로 날을 꼬박 샌 새벽이면
 견딜 수 없는 것들을 견디느라 부쩍 늙어버린 시대의 중심부로 소용돌이쳐 오는,
 그러나 저만의 비밀 혹은 저만의 진실과 싸우다가 지레 놀라 깬 아침이면
 울산 반구대 암각화에 일렬로 세워진 혹등고래, 귀신고래, 향유고래, 범고래, 북방긴수염고래들이 일제히 합창하는 환희의 송가가 저 멀리 울려 퍼지고 있다
 다가갈수록 더욱 불투명해지는 저 보이지 않는 먼 우주 끝 암흑 속에서 천체들의 폭발음 아니면 거대한 화석종의 중생대 잠자리 메가네 우리의 날갯짓 소리가

 행여 마침내 세계 최초로 입을 여는 신들의 음성들, 그새 잊어진 심장 뛰는 소리가 들려올까
 필시 오래도록 거기에 비워둔 채 감춰져 있을 귀청을 한

껏 더 끌어당겨 보기도 하는 봄날이면

임동확
1987년 시집 『매장시편』으로 작품 활동 시작. 시집 『살아있는 날들의 비망록』『운주사 가는 길』『벽을 문으로』『누군가 나를 간절히 부를 때』 등이 있음.

신작시

3부

임희숙 장영님 장인무 장혜승
전순영 전형철 정상하 정숙자
정시마 정영선 정채원 조말선
조은솔 조창환 조희진 채종국
최규리 최금녀 최동은 최문자
최형심 표규현 하두자 한소운
한이나 한정순 홍일표

찰나의 메기

임희숙

신발 속에 몸을 밀어 넣었다
구겨지고 찢어지고 벗겨지면서
몸이 되어가는 신발

걸어온 길의 흙덩이와 벌레들이
밑창에 달라붙어
신발이 산처럼 솟아올랐다
높은 것만으로 제법 세상을 아는 것처럼
중얼거리며 당도한 집
여기까지 온 것은 신발의 힘이다

옛집은 맑고 깊다
우물을 지키는 메기 한 마리
면벽 수도승의 큰 입을 벽에 대고
구부러진 수염을 접었다 폈다 하는
찰나의

내 입술에도 수염이 자란다고 말하려는
찰나의

눕고 싶었지만 신발이 벗겨지지 않았다
눈물이 났다

임희숙
1991년 《시대문학》 등단. 시집 『격포에 비 내리다』 『나무 안에 잠든 명자씨』 『수박씨의 시간』 등이 있음.

빛의 직진

장영님

동백 시들어 빛바랜 봄
밤
비 내린다

주홍 뚜껑 열린 쓰레기통
나쁜 냄새를 풍기는 꽃, 라플레시아
같은 기이한 구멍 속으로

빗방울 방울방울 내려와
길바닥에 오종종히 고여있는
검은 웅덩이
—커다란 빗방울 하나!

그 곁에서 발광하는
다이오드, 흰빛 나무 한 그루

검은 웅덩이에

속속 톡톡톡, 떨어지는

빗방울, 방울방울들

— • • • 더 커지는 빗방울 하나!

사방 검은 밤에

빗방울의 찰나삼세를

눈에 담을 수 있는 것은

빛의 직진 덕이다

검은 웅덩이에 비친

빛의 그림자

빛은 그림자도 희다!

섬진강 은어 떼 같다

장영님
1994년 《현대시학》 등단. 시집 『언 개울가의 흰 새』 『고자질하는 그림자』가 있음.

회전문의 방정식

장인무

앞사람의 뒤통수를 보며
꼬리를 물고 줄서기를 한다.

여미었다 펴는 포물선에 눈동자들은
몽유 환승역에서 침묵의 주인이 된다.

틈과 틈 사이 영혼을 감추고
누구의 처음과 누구의 마지막이 스친다.

축을 중심으로 빙빙 도는 회전문 앞에
심장의 크기를 알 수 없는 이들의
발걸음이 직립보행으로 전환하면
바람은
바쁘게 빠져나가 앞서간 그림자를
따라나선다
뒤도 안 보고,

낯설은 민낯들이 순간을 밀어내고 당기며

하루 또 하루를 채우고 비우며 돌아가는데

나는

열리지 않는 문 앞에 묶여버린 허수아비인 양.

장인무
2012년 등룡문학상 수상. 시집 『물들다』 『달빛에 물든 꽃잎은 시들지 않는다』 『오늘못보면너무오래못볼것같아달려왔습니다』가 있음.

어깨동무

장혜승

부고 문자 또 떴다 고등학교 단톡방에
어이없어 심장마비래

든든히 걸렸던 또 한 어깨가 풀려져 나갔다
애도 기간은 한 줌 재가 되는 사흘까지만

사내를 계집을 성적순까지 불살라버린 우리는
지독했던 가난에게 깍듯이 내쫓긴 시골뜨기들
청양고추 먹고 맴맴 육 쪽 마늘 먹고 맴맴

급변해 가는 세대의 홀대 주눅 들지 말자고
좁아져 가고 어둑해져 가는 행동반경을 환히 넓혀
마스크 벗어 던지고 서해 투어 하는 날

젊은 파도가 늙수그레한 파도와 어깨동무하고
바다를 건너가는 햇덩이를 요지부동 끌어안고

더펄춤을 추고

일기 예보에 없었던 소낙비가
찡그린 구름들을 싹쓸이 훑어 안고
내빼듯 지나갔다 그때의 가난처럼

어깨걸이를 풀고 먼 길 떠났던 동무들이
저들끼리 어깨동무하고 수평선 너머에서
철썩철썩 달려오는 것이다

배고프다 밥 먹자

산 자와 죽은 자가 어깨동무하고 횟집에 들어가니
죽어 편안한 살점과 아직 살아 팔딱이는 살점들이

커다란 쟁반 위에서 가지런히 어깨동무하고

다정스럽게 작별을 고하고 있었다

장혜승
2003년 《현대시학》 등단. 시집 『씨앗』이 있음.

모퉁이

전순영

1
쇠망치가 달려들어 내리칠 때 쏟아지는 보석
더 내놓으라고 폭약을 쏟아붓자 그의 몸은 산산이 날아가
모퉁이에 버려졌다
백 년이 가버린 지금 그곳에다 붓을 대고 쭉 그어 내리면
비선대가 쭉 올라오고 다시 쭉 그어 내리면
좌정하고 앉아있는 미륵봉이 솟아오르고
다시 그으면
장군봉 허리에는 금강굴을 품고 있는
병풍처럼 깎아지른 화강암 절벽
그 아래 그림같이 펼쳐진 에메랄드빛 호수를 받아먹는
시든 나무들이 보스락보스락 일어서고 있다

2
얼음이 얼음을 꼭 보듬은 이월
솜털이 보송보송한 오엽송이 쭉 뽑혀 내팽개쳐졌다

물컹물컹 물러진 뿌리를 들고 휘어진 하늘 귀퉁이에 기대
서서
　밤과 낮이 물처럼 흘러가고
　얼어붙은 이파리에 와 닿는 햇살에 조금씩 녹아내릴 때
　뇌성 벼락 내리치고 질세라 먹물이 가득 차오르는 밤
　떨며 맨발로 서서 그 밤을 보내고 돌아보니
　새순이 뾰족뾰족…

3
　새순이 열이 오르면 온 밤이 열로 가득 차오르고
　새순이 웃음 지으면 빛으로 가득 차오르고
　새순이 시들면 밤새도록 천리를 걸어서 물 한 바가지
　새순이 배가 고플 땐 만 리 길도 가깝던 하루하루는 구멍
이 숭숭
　구멍으로 들이치는 칼바람에
　걷어차여도 그대로

목을 비틀어도 그대로

짓밟아 문밖으로 던져버려도 그대로

전순영
1999년 《현대시학》 등단. 시집 『시간을 갉아먹는 누에』 『숨』 등이 있음.

배화拜火

전형철

너의 말에 나의 말을 심는다

필멸자는 밖보다는
그 친구들이 앉았던 자리에 관심이 많았다

신을 덧씌우고 업고 온 그의 어깨가 들썩인다 보이는 모든 것을 삼킬 것처럼 가슴에서 등으로 통과하는 검은 점

시간은 잠시 아주 잠시
물을 몸속에 가둬두는 것뿐이다

성냥이 촛불을 붙들고 화로가 횃불을 그윽이 쳐다본다
빛의 발목이 서서히 뒤틀리며 공중 계단에 맨발의 무희가 춤을 춘다

파자가 굽은 손가락을 가리켜
차고 흰 마른 웅덩이로 빠져든다

그림자는 묻는다 한 몸으로 나온 등 뒤에 비늘처럼
보이지 않게 움직이고 모르게 날개를 젓는다

둥근 방에 독주가 엎질러지고
주먹을 쥔 물음들 걷다 멈추다 멈추다 걷다

어긋난 날들 속에 투명한 선이 하나 그어졌다

늦은 새벽과 이른 아침의 사이
폐부를 관통하는 감옥의 내외

내내 사그라들지 않는 불씨가

바람의 이역으로 떠나는 시절이었다

전형철
2007년《현대시학》등단. 시집 『고요가 아니다』『이름 이후의 사람』
이 있음. 조지훈문학상, 현대시학작품상 수상.

오늘은 좀 추웠어

정상하

 따뜻한 매트 속에 발을 들이밀고 눕고 싶었어 사실은 눕기도 해 눕고 싶은 마음 들 때 이미 누운 거지 노근노근 발을 녹인 거지 풀썩 주저앉고 싶을 때도 있지 사실은 지금 내가 앉아있는 건지 서 있는 건지 아는 사람 없잖아 단장하고 나가는 8층 엄마 보면 같이 가고 싶기도 하지 그럴 때 슬쩍 같이 가는 거지 뭐 스니커즈 신고 크로스백 두르고 가는 거지 뭐 난들 속으로 안하는 게 뭐 있겠어 다 한다고 봐야지 아깐 중학생 둘이 문 닫힐 때 장난치다가 한 애 손가락이 끼일 뻔했어 그럴 때 나는 간이 철렁 떨어지고 전신에 힘이 쫙 빠지고 그래 나는 누가 몇 호에 사는지 거의 알아 그들이 혼자 들 수 있는 것들 수 없는 것 다 실어주고 내려주고 하면서 자연히 알게 되었지 이 라인에서 나를 제일 많이 사용하는 사람이 있어 18층 얼굴 긴 남자 담배 개비를 주먹 속에 감추고 수없이 오르내리는 재택근무자 그 집은 내 사용료를 두 배는 더 내야 해 어젠 비가 와서 하루 종일 몸이 마를 날이 없었어 우산마다 물이 줄줄 흘렀어 하기사 밤중에 만취한 놈이 바지를 까는 둥 마는 둥 면전에다 줄줄 갈기는 오줌

보다 낫긴 하지 애도 어른도 냄새 땜에 투덜거렸어 오죽하
면 11층 하얀 요키도 쿵쿵대다 깨갱거릴까 월요일 아침 출
근한 청소 아주머니가 유*락스로 나를 닦아주며 몇호 사는
어떤 놈인지 줄줄 새는 물건을 차고 다니느니 아예 꿰매버
리든지 짤라버리든지 시부렁시부렁 청색 극세사 걸레 들고
오르락내리락하지 요즘은 가을이라 좋다 어쩌다 사람 따라
들어온 은행잎이나 홍단풍을 보며 가을이 많이 깊어가네 하
며 낙엽 냄새를 맡기도 하지 오늘은 머리통보다 큰 나비 리
본을 얹은 유치원생이 홍단풍 작은 가지 하나를 살푼 꽂아
주고 갔어 감동이었지 17층을 누른 여자가 전화를 받더니
왜 그래, 또 우니, 떠난 사람 잘 가지도 못하겠다 얘, 그만 울
어, 전화 소리가 좀 그렇지? 내려서 받을게 눈물이 그렁거리
는 그녀가 15층에서 내렸어 문이 덜컹 열리고 찬바람이 쌩
들어오네 곧 눈이 오겠구나 애도 어른도 외투 가득 하얗게
눈을 덮어쓰고 어춰어춰 기침을 하며 들어서겠구나 그러지

정상하
1999년 《현대시학》 등단. 시집 『비가 오면 입구가 생긴다』 『사과를 들
고 가만히 서 있었다』가 있음.

공우림空友林의 노래 · 49

정숙자

 귀뚜라미가 발등에 올라옵니다. 이따금 바람이 지나갑니다. 가랑잎 같은 달이 높고도 고요합니다. 저리 아름다운 달은 하늘보다 강호의 기쁨입니다. 지금 이대로 몸에 이끼가 나도록 앉아있고(만) 싶어집니다. 부르려던 가을 노래는 마디마디 투명하여 보이지도 아니합니다. (1990. 10. 9.)

― ―
 ―

아큐는 누구일까요?

이 사람 저 사람 그 사람(들)에게
저자에 나가 또, 또, 또…
먹히고, 파먹히고, 퍼-먹히는, 아큐는

제 가슴속에 돌아와 홀로 승리하는
제 무덤처럼 웅크려 홀로 오열하던

그는,

자살하지 않기 위해 제 삶의 시한을 하늘에 맡긴 야인. 혹은 우리가 알거나 모르는 갑남을녀, 장삼이사, 파란불 켜졌을 때 건널목 함께 건넌 뿔주노초ᆂ남보 중 어떤 눈이었을 수도 있겠지요? 물론 저도 얼음 낀 찰나를 함께 건너온– 함께 건너갈– 그림자일 수가 있고 말입니다.

정숙자
1988년 《문학정신》 등단. 시집 『공검 & 굴원』 『액체계단 살아남은 니체들』 산문집 『행복음자리표』 『밝은음자리표』 등이 있음. 김삿갓문학상, 동국문학상 등 수상.

크리스마스이브에서 시작된 봄

정시마

겨울의 생각

 당신, 겨울바람으로 숨 쉬는 중이었어요. 모직 코트 주머니 속 두 손 만나 찬 안개를 녹였어요. 고독이 짙은 낡은 구두는 벗고 백 년 동안 봄의 이마로 일렁거릴 햇살을 약속했어요. 검은 낱말로 쓴 일기장은 모두 까마귀밥으로 던졌지요.

 봄을 받으며

 당신, 크리스마스 저녁의 거리는 목련 나무 환하게 피어나 나뭇가지마다 하얀 솜털 쌓여가고 무작정 봄바람 불어오는 꽃들의 향기 따라 걸었어요. 웬 무인도 닮은 마을로 지나자 빨랫줄조차 크리스마스 붉은 꽃길 통과하는 중이었지요.

 날개는 돋아나

 위인전 인물보다 더 위대한 당신, 영화에서나 본 듯한 지바고의 오렌지빛 코트와 사각 가방을 들고 나타나 벚꽃처럼 환하게 웃었어요. 우리 손끝으로 꼭 맞잡은 수천 개 반달은 맑은 소리를 내고 손바닥으로 날개는 화르르 날아올랐어요. 그럴 때면 호방한 얼굴에 비치는 속말들을 사랑했지요.

나비의 생각

당신이여, 청록빛 날개를 가진 큰 나비는 깊은 계곡에서도 쓰러지지 않는 몸짓으로 우리를 잡아주고 아침이면 창문 너머 익숙한 나비의 눈동자에 스며들었어요. 작은 나비와 두 그림자 겹쳐 하나의 몸으로 봄볕에서 춤을 추었어요. 눈을 뜨고 보니 사막의 달 속에서 남은 파란 계절에게 서로의 새벽으로 다가가고 있었지요.

다시, 겨울이네요

정시마
2009년 《현대시학》 등단.

그의 고요는 어디에서 오는가

정영선

손바닥에 박힌 까스래기가 윽 찔렀다
자녀가 여섯이라는 말을 들었을 때
네 살 여아에서 유치원 초등 중등 고등학생까지
여섯 명은 차에 나누어 탔다
나도 소란 틈에 끼었다
핀셋이 까스래기 건드릴수록 깊이 숨고
안부처럼 콕콕 욱신거렸다
애들 재재거림이 귓속의 숲을 지나는데
터울이 긴데 생각이 댓잎으로 흔들렸다
소리 좀 낮춰 하는 그의 말이 까스래기에 대고 하는 말 같
았다

시대의 바퀴는 불확실한 혼돈을 달리는데
자립청소년들과 축구하러 가는
그는 운전할 뿐이었다
무서워지는 세계에 아이들을 왜 이리 세상에 많이 내놓았

는지

  그의 겁 없음이 궁금했고

  그의 고요도 궁금했다

  형제도 자립청소년들도 뛰고, 꼬맹이들은 스쿠터를 타고

  두 아이는 입양아라고 누군가 들려주었다

  까스래기가 내 몸이 되는 시간

  두 아이는 가족으로 깊어지는 시간

  형제의 돌림자를 받은 윤석, 윤미

  아이들에게 돌림자를 준

  그의 고운 마음은 어디에서 왔는가

정영선
1995년 《현대시학》 등단. 시집 『장미라는 이름의 돌멩이를 가지고 있다』 『콩에서 콩나물까지의 거리』 『나의 해바라기가 가고 싶은 곳』 『누군가의 꿈속으로 호출될 때 누구는 내 꿈을 꿀까』 등이 있음.

변명

정채원

옆구리를 들킬까 늘 조마조마했어요
고열로 앓고 나면
꽃이 툭툭 피어나곤 했으니까요
그러다 언제부턴가 얼룩덜룩 움직이더라구요
뭐라 말을 하듯 입술이 씰룩거리듯
그러나 소리는 없었어요
어쩜 내 귀에만 들리지 않았던 건지도 모르지요
심장이 불타는 사람의 수화처럼
어떤 날은 밤새 숨 가쁘게 움직였어요
눈 없는 벌레처럼 기어다녔어요 꿈틀거렸어요
아무도 알 수 없는 아름다운 흉터를 품고
우리는 이 세상에 태어나는 걸까요
늘 들킬까 봐 숨기고 다니지만
그래도 믿을 건 그것밖에 없다는 듯
혼자 있을 땐 가만히
손을 넣어보곤 하지요

아직도 날아가지 못했구나
안심하곤 하지요

어쩌면 자기 귀에만 들리지 않는 말들, 남들은 다 듣고도 모르는 척해주는 걸까요 어떤 이 곁에 가면 그가 분명 입을 다물고 있는데도 웅얼거림이 계속 들려와요 듣지 않으려 하면 더 또렷이 들려와요

그저 먼 하늘만 바라보지요
그가 창살로 돌진하다 찢어진 날개로 영영 날아가 버릴까 봐
내 온몸이 상처가 빠져나간 하나의 큰 상처가 돼버릴까 봐

정채원
1996년 《문학사상》 등단. 시집 『슬픈 갈릴레이의 마을』 『제 눈으로 제 등을 볼 순 없지만』 『우기가 끝나면 주황물고기』 등이 있음. 편운문학상 등 수상.

백지를 빠져나가는 방법

조말선

 마침내 백지를 펼쳐놓고 백지를 그려나간다 모든 색을 태우고 난 뒤에 남는 것은 영혼을 닮은 흰색이라지 증상이 나타날까봐 발을 꾹꾹 누르며 백지를 그려나간다 백지를 그려나가는 것은 백지의 영혼을 지키는 것 출구를 봉쇄하듯 백지를 그려나간다 너는 깜빡이는 커서처럼 한 발자국 한 발자국 진지한 빗방울

 돌멩이 나무 노란꽃창포 빗방울 중에서 가장 진부한 빗방울로 백지를 그려나간다 하얗게 불태웠어, 백지의 표피를 뚫고 나오는 영혼의 목소리를 재우려고 소음을 일으킨다 귀를 기울이면 기울일수록 두상이 덜컹거리는 소리가 들리지 않고 부스럭거리는 바람 소리도 들리지 않고

 소리가 하얗게 모여드는 좁은 길을 빠져나갈 때는 이른 봄의 심장이 세차게 두근거린다 부풀어 오른 침묵처럼 흰 목련이 지고 있다

골목이 하얗게 짓이겨진다 허약한 쪽이 더 반응하는 흰 목련 한 장을 구기고 눈부심이 갈변한다 침묵이 갈변한다 이 발을 들면 저 발자국이 갈변한다 모두 허약하거나 더 허약해져서

　백지는 텅 빈 종이처럼 충만해 있다 숨이 다 찬 백지의 영혼이 날아갈까봐 백지를 그려나간다 뚱한 배추는 들판을 펼쳐놓고 들판을 그려나가고 너는 백지의 피부에 돋는 어여쁜 주근깨로서 킥킥 현기증을 견딘다 고개를 수그린 채 백지의 증상에 빠져 있다

조말선
1998년 《부산일보》 신춘문예, 《현대시학》 등단. 시집 『이해할 수 없는 점이 마음에 듭니다』 등이 있음.

별명의 자화상

조은솔

별명으로 불리면
나는 끝도 없이 증식합니다

농담으로 그린 얼굴에
진담이 묻어납니다

구겨진 휴지 조각에 번진
내 단면을 펼치면
뒤로 감춘 의도에 질문하게 됩니다

안목이 친구의 팔을 끌어당기고
이름도 모르는 친구가 요즘은 부쩍 많아져서

나는 어색한 내가 문득문득 그리워집니다

방정맞은 두 귀를 막으면

대꾸는 안 해도 됩니다

미사여구로 꾸며진
내 기분으로의 외출에 골몰하면 됩니다

나를 혼동하던 아이들이 모두 떠난
저녁의 놀이터에서
나는 나를 뭐라 불러야 하나
실마리를 찾아 고민합니다

나를 능가하는 별명은
이제껏 본 적이 없습니다

기막힌 사실은 하나의 작별과 동시에
새로 태어난다는 겁니다

새롭게 떠오른 별명은

나를 조금 더 선명하게 보여 준다는 겁니다

조은솔
2023년 《현대시학》 등단.

세상은 다시 평온해졌다

조창환

응급실에서 중환자실로 옮겨가는 며칠 사이
여인은 잠깐 눈 한 번 떴다 감았을 뿐
의식이 없었다,
석션으로 가래를 뽑아낼 때도 반응이 없었다
고통스러운지 견딜만한지 알 수 없었다,
소변 줄로 오줌 뽑아내고, 산소호흡기로 숨 쉬게 하니
목숨 붙어있긴 하지만, 이 상태를 살았다 할 순 없었다
119 불러 구급차 타고 와 며칠 밤새운 남편과
소식 듣고 미국에서 급히 귀국한 자식들이
무거운 얼굴로 주치의를 바라보았다
흰 가운 주머니에서 흰 종이쪽지를 꺼낸 의사는
연명치료 거부 사전의향서에 사인한 뜻을
존중하고, 존경하고, 존엄히 여겨야 한다고 말했다
남편도 자식들도 고개 끄덕이고, 싸늘한 손 잡고
가쁜 숨 쉬는 얼굴 오래 바라보았다
흰 가운 입은 의사가 사망진단 선언을 하기 직전

가쁜 숨 쉬던 얼굴이 부르르 떨렸다

눈물 한 방울

눈가에 맺혀 흐르고

떨림도 멎고, 가쁜 숨도 멎고

창밖 바람도 멎고

바람에 흔들리던 나뭇잎도 멎었다

그리고 잠시 후, 세상은 다시 평온해졌다

창밖에 바람 불고, 나뭇잎 다시 흔들거렸다

조창환
1973년 《현대시학》 등단. 시집 『건들거리네』 『나비와 은하』 『저 눈빛, 헛것을 만난』 『허공으로의 도약』 등이 있음.

스탠더드 크리켓*

조희진

크래커 한 접시를 사이에 두고 우리는
찻잔 앞에 마주 앉는다 유대감일까 잘 우러난 찻물처럼 서로 어우러져

너는 파이어 크래커 용접법에 대해, 나는 질 좋은 밀가루와 반죽법에 대해

괜찮아 그럴 수 있어 우리는 우리니까 하나니까. 하나라면 손을 맞잡았다는 뜻도 놓쳤다는 뜻일 수도 있으므로

계산된 마음은 뼈를 가졌고 잘못 가진 자세라면 적중하지 못해서

휘두르면 모두 다른 소리가 되고 화살이 되는 걸까

너는 거푸집처럼 웃고 나는 열기 오른 오븐기 안에서 밀

가루 반죽처럼 부풀다 통째로 구워진다

뜨거운 차를 목구멍에 쏟아붓는다. 쏟아붓는 쪽이 더 기울어지고. 공이라면 차 버릴 수 있을 텐데

비슷하다면 선공이 유리하겠지

옆 건물 공사장에는 덤프트럭이 연이어 들어오고 돌덩이를 쏟아붓는다. 서로 부딪치며 깨진 모서리가 모서리를 끌어안고 모서리인 채 쏟아진다

모서리를 삼킨다

찻잔을 든다 꽉 쥐어야만 힘차게 던질 수 있는 순간이 올 거라 믿으며

너는 필사적 화법으로 화살을 던지고 나는 내가 알고 이해하는 지점에서 최선을 다해 구부러진다

던지면 꽂히고 던진 사람과 꽂히는 사람을 우리는 우리라 부른다

*특정 영역을 점령하여 점수를 얻는 전략 게임

조희진
2013년 《시산맥》 등단.

별스런

채종국

별의 마지막은 어쩌면 꽃일는지도

너의 나중은 꽃이겠구나 하는 생각

반짝거리는 너를 바라보다

하늘거리는 너를 안아주는 생각

별로 태어나 꽃으로 흐른다는 생각

네가 피어날 그곳이

나의 심장이라는 생각

채종국
2019년《시와경계》등단.

너무 익어버린 레몬

최규리

이 거대한 코끼리는 좀처럼 움직이지 않는다. 물속에 잠긴 것을 보았다. 일몰하기도 한다. 늘 그랬듯이 고의는 아니었을 것이다. 매일 침대 속에서 꺼낸다. 잠깐의 안개와 휩싸일 때도 마치 개미 떼처럼 엉겨 붙는다. 입술에 쌓인다. 사실은 말이지, 종이를 잃어버렸어. 엎드린 씨앗들이 기후를 만든다. 배들은 매일 코끼리를 바다에 버린다. 백지는 도망간다. 비둘기는 산으로 가지 않는다. 상한 부리가 모자를 앓고 있다. 빠져나올 수 없는 세계는 우리의 것. 새들의 노래는 공중을 일으킨다. 바람에 휘날리는 머리카락 끝에 매달려 있다. 누군가의 소음이 되어버린 물방울들. 양이 되어버린 양치기. 녹아내리는 치즈와 몇 마디 대화. 그건 말이지, 정말 오해였어. 코끼리가 식탁 위에 있다. 주름투성이에 결말이 있다. 코끼리 피부 같은 목소리가 납작해진다.

최규리
20016년 《시와세계》 등단. 시집 『질문은 나를 위반 한다』 『인간 사슬』이 있음. 시와세계 작품상 수상.

나의 정신은 오직 나의 다리와 함께 장자크루소

최금녀

다리의 자유를 선택했어

의자의 발에 양말을 신겨주고
꽃 기린에게 비타민 씨를 녹여주고
머플러를 두르고

겨울이 말참견을 했다
안전모를 써야 해
고마워, 택배

다른 다리들이 앞질러 걸어가고 있어
속도는 중요하지 않아
나는 신발 뒤축에 힘을 주고
누군가 앉았다 간 의자가 궁금해
눈이 덮였을 거야
눈을 치우고 다리의 자유를 상상할 거야
걷는다는 것은 좋아

숨을 쉴 거야
안전모를 쓰고
루소의 다리로 돌아가는 중이야

조심해, 다리
고마워, 택배
그것뿐이야

다리를 멈추고, 루소를 멈추고, 의자를 멈추고
나의 다리가 움직인다는 사실을
이대로 좋아, 루소.

최금녀
1998년 《문예운동》 등단. 시집 『바람에게 밥 사주고 싶다』 『기둥들을 새가 되었다』 등. 시선집 『한 줄, 혹은 두 줄』 『최금녀의 시와 시세계』 등이 있음. 공초문학상, 펜문학상, 현대시인상, 윤동주문학, 한국여성문학상 수상.

그럼 우리 어디로 가지?

최동은

집 나오니까 정말 좋다
우리 튀니지나 갈까
아니,
불시착해도 찾을 수 없는 곳으로 갈까

넌 어디가 좋으니?
난 테베에 가고 싶어
그곳에 도착하기 전 꿈에서 깼거든

거긴 고대 도시국가였대
맞아,
거기까지 가는 직항이 있니
이번엔 어디쯤 가다 돌아올 거니
그곳에 가면 너를 반겨주는 누가 있긴 하니

네가 내 옆을 지나갈 때 빈 의자 하나 있는 거 본 적 있지

글쎄 본 것도 같고
나는 지금 그 의자에게 말하고 있어
"우리 튀니지나 갈까"

내 옆에 있지도 않은 너보다 의자가 편하거든
넌 자주 비행기를 타고 떠나고
난 늘 그 비행기가 돌아오지 않는 걸 상상하지

지금 내가 뭐 하냐고?
 한 번 들어오면 나가지 않으려고 하는 너를 밀어내는 중이야

 우리 헤어진 거 맞지

최동은
2002년 《시안》 등단. 시집 『술래』 『한 사흘은 수천 년이고』가 있음.

얼굴
Before, After

최문자

사랑했던 사람이 찾아왔을 때
내 얼굴은 조용하였다
무슨 일이 있었냐고 물었다

이 얼굴을 버리고 어디로 이사할까
말할 필요가 없었다

이렇게 싸웠어
이렇게 울었어
눈을 뜨니
무덤이 생겼어

그것도 혼자서
나를 묻었어

외출했다 돌아온 사람들과 엘리베이터를 탈 때

그래도 서로 잘 섞였다

전에 있었던 얼굴이 흘러간 것도 모른다

최문자
《현대문학》 등단. 시집 『사과 사이사이 새』 『파의 목소리』 『우리가 훔친 것들이 만발한다』 『해바라기밭의 리토르넬로』 등이 있음.

내 안의 개를 죽이는 밤

최형심

(사랑하지 않는 개를 본 적도 없고 울고 있는 물고기를 본 적도 없다.)

문을 열면 한밤중입니다. 하얀 소금 사원에선 가벼운 옷을 입고 떠날 수 있습니다. 공휴일의 로맨스는 뜨겁지 않았다고 사막여우의 밤을 빌립니다. 누군가 저물녘의 기원에 대해 묻는다면 수요일의 법원처럼 마음이 붐빌 것입니다.

(푸른 물 위에 침묵을 포개놓으며)

한 그루의 나무를 그려 봅니다. 은사시나무의 안부를 묻고 싶어집니다. 그를 기다리던 좁은 계단에선 물고기로 흘러갑니다. 성하盛夏의 한낮, 윤슬 위로 기관차 소리 지나가고

(마침내 고요가 된 개들이 서로를 마주 보았을까.)

식물 모종에 이식한 오후 여섯 시는 언제나 거기에 있습니다. 백 년을 건너와 새로운 백 년을 기다립니다. 막차가 떠나고 위무곡慰撫曲이 흐르면 목탄으로 그린 사다리를 타고 별에 오를 차례입니다. 별, 그러니까 별別을 위해…… 부러진 발목이 보이지 않게 레인부츠를 준비하는 낯선 밤,

　(개들은 뒤돌아서면 환부가 보이지 않는다.)

최형심
2008년 《현대시》 등단. 시집 『나비는, 날개로 잠을 잤다』가 있음. 시인광장 작품상, 심훈문학상, 이병주스마트소설상, 한유성문학상 등 수상.

현대기원

표규현

 이 판은 이겨야 해 아이고, 머리가 아프네 혹 잡은 놈 손해 보면 진다면서 질척거린다 이 판까지 밀릴 수는 없지 오늘도 질 수는 없어 패싸움에 뒷걸음질 치면 그대로 나락 가는 거야 결국은 회돌이축에 걸려서 실없이 웃고 있네 비겁하게 꼼수를 쓰냐 묘수라고 하면 좀 안되나 버린 돌 함부로 취급한 자네가 잘못이지 반듯한 수만 두면 무엇 하나 집도 얼마 없으면서 이것저것 따질 새가 어디 있어 이 바쁜 세상에 건방 떨지 마 행복은 짧거든 느리면서도 빠른 것이 시간이야 무슨 소리 너의 불행이 나의 행복이지 그렇게 조급하니 하나만 보이지 제정신으로 두면 자넨 어림도 없어 바둑알이 죽었지 사람이 죽었나 죽은 자식 불알 만지기지 아, 이 사람들 바둑을 손으로 두지 입으로 두나

표규현
2017년 《창작21》 등단. 시집 『먼지 속으로 나는 새』가 있음.

혜화동

하두자

마로니에 숲이 보이는
창문에 기대어 물끄러미 중얼거린다
나를 봤니?
나를 아니?
목 깊숙이 삼켰던
얼굴은 사라지고 목소리만 남은
당신이 안녕을 물고 와락
내 앞에 나타날 것 같은
언젠가 당신과 갔던 샹젤리제 거리가 아닌
여기는 혜화동
기시감을 털어내려고 떠돌다가
성당에서
또 한 사람을 보았지
혼자이면서도 혼자가 아닌 듯
긴 회랑에 서서
복도를 서성거렸지

내 안의 어둠이 바스락거릴 때
산산이 밀려와 부서지는
당신의 체취가 입김을 불어와
유리창에 하나둘 무늬 졌지
나는 웅얼거리는 마로니에 이파리 말을 들으려고
적막에 귀를 묻고
그때의 몽소공원*을 펼쳐 보았지
몽상 속 멀어지는
한 덩어리의 말을 찾아
네 발자국을 찾아

*몽소공원: 파리에 있는 공원

하두자
1998년《심상》등단. 시집『불안에게 들키다』『물의 집에 들다』『프릴 원피스와 생쥐』등이 있음.

푸코와 열애 중

한소운

정오가 되어도 밤중같이 캄캄하다
운무에 싸인 산이 지워지고 있는 중이다
펜티멘토 안개로 덧칠된 그림
다시 본래의 모습을 드러낼 것이다

간헐적으로 들려오는 통! 통! 통!
베란다 샷시에 부딪치는 빗소리
마당 가의 놋 세숫대야에 떨어지던
유년의 그 비를 닮았다

대책 없이 빠져드는 비요일
이런 날은 음악을 들어도
산책을 해도 쓸쓸함이 따라온다
방에 앉아 있어도 귀는 그쪽으로 쏠리고
귀를 잘라야 하나

마음의 물꼬를 다른 곳으로 터버리자
망설이지 않고 돌아보지 않고 가는
내 안의 나여!
피 끓던 연애 시절 밥때를 잊고, 잠을 잊었던
그때처럼 그에게로 빠져든다
거실 안방 작은방 가는 곳마다
그가 나를 보고 있다
안경 너머의 번뜩이는 눈빛에 포로가 되어 버린다

한소운
1998년 《예술세계》 등단. 시집 『그 길 위에 서면』 『아직도 그대의 부재가 궁금하다』 『꿈꾸는 비단길』, 예술기행집 『황홀한 명작여행』이 있음.

얼음 강물 위를 걷는다

한이나

얼음 강에서 우리는 바라만 보았다
세상은 말이 필요하지 않았다

겨울 남한강가에 서면 얼음 강이 울며불며 쩡 쩡 쩡 쪼개져 길을 낸다 애간장이 터지는 소리, 아라리 길을 낸다 가리워진 길 나의 길을 악보처럼 눈앞에 환하게 펼쳐 보인다

가리워진 길 한 모퉁이를 돌아 나를 들여보내 줄 돌문을 찾아 얼음 강물 위를 걷는다 살아온 날들이 봄날의 꿈속 같아서 살아갈 날들이 눈 덮인 하얀 들판 같아서

생각의 자루 얼음 강가에 풀어 놓는다 슬픔에도 지느러미가 생겨 여기에서 영원까지 세상을 다 헤엄칠 수 있을 것이다

한이나
1994년 《현대시학》 등단. 시집 『물빛 식탁』『플로리안 카페에서 쓴 편지』『유리 자화상』 등 7권, 시선집 『알맞은 그늘이 내가 될 때』가 있음. 서울문예상 대상, 한국시문학상 등 수상.

꽃밭에서 넘어진 죄

한정순

멀쩡한 길을 나두고 왜 꽃길을 걸었을까
걷다 보니 질문이 참 많네요
내 발에 걸려서 넘어졌다는 말을 하려는데
원죄에 갇혀있던 욕망이 수선스럽게
거짓 죄명으로 내 죄를 고발하고 있네요

넘어진 사실만 가지고 말하라 해서
몇 가지 사실만 말했죠
꼭 한 번 꽃길을 걷고 싶었고
꽃밭에서 뒹굴고 싶었다고
그래서 내 발에 힘을 주던 때가
생각났을 뿐이라고

꽃밭에서 넘어진 것이 이토록 큰 죄가
된다는 사실을 말하자니 눈물이 먼저
뚝 떨어지네요
꽃밭에서 웃어본 적 없는 웃음소리가

빛 받은 유기그릇마냥 쨍쨍한 대낮

왜 꽃밭에 들어가 넘어졌는지
기억하라는 말에
말 멀미를 하다가 또 꽃밭에서 넘어졌죠
온갖 꽃들의 숨구멍이 다 기어 나와
내 등을 두드리는 오역된 꽃말

아직 꽃밭에 내 몸을 다 주지 못하고 있는데
계속 죄명을 몇 가지 문장으로 만들고 있는
그대의 굳은 손바닥 슬픈 리듬
훔쳐 먹은 꽃들이 씨방 터지듯 내 좁은 입을
찢으며 나오는 찰나, 죄명이 속달 편지처럼
붉은색으로 툭 떨어지는 봉인된 죄명

한정순
1994년 《시와시론》 등단. 사화집 『굽은 등을 보는 시간』, 『숨』 외 20여 권이 있음.

숨바꼭질

홍일표

말뜻을 따라가다 넘어져 소나무 앞에 서서 소나무를 놓친다
 소나무는 없고 소, 나, 무만 있는 자리에 서 있는 동안 해가 저문다

 다 지워져서 아무것도 없는데
 난데없이 소나무가 해적선이 되고, 해적선이 들국화가 되고, 들국화가 항아리가 된다

 뜻만 쫓아가지 않으면 모두 똑같아서
 나를 열쇠라 불러도 나고
 코끼리라고 불러도 나고
 해당화라고 불러도 나이니
 비로소 내가 없어지는 황홀한 순간

 이것도 저것도 다 지워져서 아득해지는

주소도 표지판도 보이지 않는 낯선 땅에 배롱나무 한 그루를 심는다

배롱나무를 잡고 있던 내가 배롱나무가 되어 거울 속에서 걸어나온다

비 오고 바람 불어도 저마다의 색과 모양을 주장하는
마음에서 태어나 마음에서 사라지는 색색의 꽃들

꽃과 연루된 여러 명의 내가 사방으로 흩어져 걷고, 날고, 뛰는 것이 보인다

홍일표
1992년 《경향신문》 신춘문예 등단. 시집 『매혹의 지도』 『밀서』 『나는 노래를 가지러 왔다』 『중세를 적다』 『조금 전의 심장』, 평설집 『홀림의 풍경들』, 산문집 『사물어 사전』 등이 있음.

연재산문

개발을 따라 걸으며

길상호

개발을 따라 걸으며

길상호

　서울에서 10년 가까운 시간을 살다가 대전에 내려왔다. 몸과 마음이 휴식을 달라고 아우성이다. 질긴 시간이 주유소 앞 타이어처럼 쌓여 있다.

　걷기보다 위로가 되는 건 찾기 힘들다. 걸으면서 시차에 적응해 본다. 익숙한 이미지가 먼저 눈에 들어온다. 오래된 빵 냄새가 풍기고, 좁은 골목이 언덕 계단으로 이어지고, 빨갛고 파란 점집 깃발이 휘날리고, 유리 조각은 담 위에서 아직 빛나고……. 옛 풍경은 사진기를 들고 헤매던 시절을 떠오르게 한다.

　그러나 조금 더 발을 옮기니 녹슨 철판이 쭈르륵 세워져 있다. 온갖 풀들이 그 공간을 차지하고 있다. 뭔가 새로운 건물이 들어서려고 한다. 골목골목 참 많이도 변했다. 빌라촌이 들어서고, 외국인이 많아지고, 공원이 생기고, 철제 담장들이 늘어났다. 대전에서 이삿짐과 나란히 탄 게 오래 전

일이니 변화가 당연한 건가 싶기도 하다. 그러나 몸이 아직 받아들이지 않는다.

 카페에 들어가 본다. 이름은 〈카페양순〉. 빌라 지하층을 개조해 만든 카페다. 커피 향기가 서성이고 주인은 자리에 앉아 무심하게 뜨개질을 하고 있다. 그러고 보니 커튼이고 테이블보, 컵받침까지 모두 작품이다. 군데군데 화초들이 자리를 잡고 카페 이름답게 양이 많다. 주인의 휴대폰 알림 소리는 고양이와 강아지 울음이다. 고양이가 어디 숨어

●사진1

서 지켜보나 했더니 휴대폰에서 나는 소리란다.

 과거와 현재가 공존하는 집, 사람과 동물이 함께 살아가는 집, 음악 선율이 고대에 앉아 있는 기분이다. 사람도 과거의 남자와 현재의 여자가 함께 있을 것 같다. 손님들은 신기한 듯 들어서면서 천정을 쳐다본다. 창으로 고양이가 안을 들여다 보다 지나간다. 까치가 왔는지 밖이 소란하다.

 이곳에서 작은 모임을 했다. 예전에는 방이었을 공간이 십여 명 둘러앉기 너무 좋았다. 중앙의 샹들리에는 분위기를 집중시켰다. 화초들이 빈자리를 채워주었다. 슈퍼도 가까워 필요한 게 있을 때마다 들락거리기도 편했다. 무엇보다도 인상적이었던 것은 구분이 잘 돼 있어 공간이 오로지 한 팀을 위한 느낌이었다는 것이다.

 천변을 걷는다. 운동 하려는 사람들이 많이 나와 있다. 하상주차장에도 빼곡하게 차들이 자리를 잡고 있다. 대리석 징검다리가 안전하게 놓여 있고 오리들은 그 사이를 오간다. 잠시 천변 긴 의자에 앉아 휴식을 취한다. 전부터 서 있던 유도관 건물이 보이는데 담 한쪽이 무너져있다. 그 사이를 담쟁이가 기어오르며 메꿔주고 있다.

소제동은 일제강점기 이전까지만 해도 소제호라는 크고 아름다운 호수가 있던 동네이다. 경부선을 건설하면서 호수를 매립하고 철도 노동자들을 위한 관사촌을 만들었다고 한다. 현재는 대전의 명소로 역과도 가까워 많은 사람이 찾고 있다. 주말에는 찻집 음식점 가리지 않고 자리가 없을 정도다. 블로그 맛집 소개마다 이곳이 빠지지 않는다. 분위기와 맛, 사진으로 남겨지는 이곳은 이국적인 느낌을 준다. 대나무와 유리병, 외국 음식이 새롭게 사람들을 맞는다. 담장마다 그림을 그리던 벽화촌의 시기는 지나갔다. 휴대폰의

●사진2

발달과 더불어 사진으로 좀 더 직접적인 풍경을 남기는 문화가 생긴 것 같다.

전부터 퀼트를 좋아했다. 한 사람도 주변을 둘러싼 환경과 타인들의 영향으로 만들어졌다고 생각했다. 이곳은 마치 시간이 덧대어진 것처럼, 공간과 공간을 합쳐놓은 것처럼 존재한다. 그래서 자기 개성을 확보할 수 있게 되었다. 그리고 그 특이함으로 많은 발걸음들을 모은 것이다. 과거와 현재의 결합은 새로운 무늬를 만든다. 과거를 부수고 현재를 새우는 일은 간편하긴 하지만 왠지 단조로운 면이 있다. 개발에 있어서도 다 없애는 것이 아니라 남길 것은 남기고 새로운 것을 도입하면 시간의 결을 느낄 수 있는 문화가 새롭게 만들어질 것이다.

안타까운 건 중간중간 방치되어 있는 공간이다. 쓰레기가 아무데나 버려져 있어 눈과 코를 가리게 된다. 낮에도 귀신이 나올 것처럼 을씨년스럽다. 이런 곳에 쌓인 공사 폐기물은 주위 풍경을 함께 망친다. 아무리 예쁜 꽃이 피어도 그 어지러움은 지울 수 없다.

언덕 위의 그 집, 내가 점찍었던 집, 좁은 계단을 따라서 꽃들이 만발 오르던 그 집이 남아 있다. 교회, 성당, 불교 대학 중간에 있던 점집, 전망이 참 좋을 것 같던 집이 보인다. 반가운 마음으로 천천히 계단을 오른다. 대문은 잠겨있고 우편물이 수북한 게 사람이 살지 않는 것 같다. 사람이 없지만 노크를 해본다. 마당엔 정적만 오간다.

 지하도가 생기고 옆 비탈이 사각형의 시멘트 덩어리로 잘 쌓여 있다. 시멘트 틈으로 나팔꽃, 호박 넝쿨이 아직 잊히기 싫다는 듯 매달려 있다. 그러고 보면 집집마다 나무와 꽃이 참 많다. 석류며 모과며 감나무, 대추나무, 국화며 분꽃이며 과꽃. 다 옛날 이름을 하고 있다. 벽오동나무가 있고 담 위에는 이끼가 자리를 잡는다. 주인을 잃어버린 나무, 꽃이 슬픈 눈동자를 한 채 고개를 숙인다. 깨진 유리가 하릴없이 담을 넘으려는 바람만 베어낸다.

 눈이 내렸다. 세상의 모든 경계를 지우려는 듯 많이 내렸다. 그러나 시간을 다 지워내지는 못했다. 수를 놓은 해바라기가 액자 틀 안에 서있고 뿌리만 눈이 덮어주었다. 그 사이로 새로 태어난 고양이들이 뛴다. 꽃 발자국을 찍으며 달리고 있다. 과거와 현재, 시간 사이를 질주하는 것 같다.

●사진1
대동 하늘공원에 가면 대전 전경이 보인다. 최근 달동네를 개발하기 위해 벽화촌과 함께 조성한 공원.

●사진2
대동천(大洞川)은 동구 신흥동에서 시작돼 삼성동에서 대전천과 합류하는 4.5km의 지방 하천입니다. 좌우로 산책로와 벤치가 조성돼 있어 운동하는 사람과 휴식을 취하는 사람이 많다.

길상호
《한국일보》 신춘문예로 등단. 시집 『오늘의 이야기는 끝이났어요 내일 이야기는 내일 하기로 해요』 외 다수, 산문집 『겨울 가고나면 따뜻한 고양이』 외 1권. 종삼문학상 외 다수 수상.

현대시학시인선 140

유리병 속의 팔레트

정서윤 시집

152면 · 값 12,000원

정서윤 시인의 시 세계에서 주목하고자 하는 것은 지식인으로서의 선비 정신과 시대의식이다. 시인의 사색은 이 시대 자신이 처해있는 현실을 직시하면서 시인이라는 존재를 탐구하는 모습으로 드러난다. 아니, 오히려 자신의 존재를 지각하는 현존의 모습으로 자리한다. 정서윤 시인의 시 일부는 "시인들은 대체로 한 시대의 단서 또는 종언에 모습을 나타낸다"라는 횔덜린의 말을 떠올리게 한다.

— 허형만 (시인 · 목포대 교수)

T: 02-701-2341 M: hdsh69@hanmail.net

현대시학시인선 142

길은 심부름 가서 오지 않았다

박승균 시집

144면 · 값 12,000원

형의 숟가락에 생선 발라 올려주는 동생의 젓가락이 움직인다. 형의 휠체어를 밀고 길을 가는 그의 뒷모습에 자못 소금꽃이 피어난다. 물은 졸졸졸 흘러 하나의 서사를, 하나의 역사의 흐름을 만들어낸다. 변하고 있는 것들을 변하지 않고 그 자리를 지키는 추억이 지그시 지켜본다. 그는 퇴직 후 고향으로 돌아가 새로운 이야기를 만들려 한다. 천천히, 아주 천천히 고향의 낮은 노래에 물들어갈 것이다. 그 박자로 계절의 리듬을 타게 될 것이다.

— 길상호 (시인)

T: 02-701-2341 M: hdsh69@hanmail.net

시인하우스 신인작품 공모

《시인하우스》에서는 한국문단의 새로운 주역이 될 참신하고 역량 있는 신인작품을 공모합니다. 신인들의 많은 관심과 응모를 바랍니다.

분야 1. 시, 동시, 시조, 10편 이상
       2. 수필 원고 3편 이상
마감 수시로
발표 본지에 당선작 게재

- 심사위원은 당선작과 함께 발표합니다.
- 투고된 원고는 반환하지 않습니다.
- 응모시 겉봉에 <시인하우스 응모작> 이라고 쓰고 원고표지에 이름, 주소, 이메일. 전화번호, 생년월일을 밝혀야 합니다.
- 다른 매체에 발표되었거나 표절 작품은 제외 됩니다.
- 당선자는 현대시학회 회원가입 자격부여와 작품활동을 지원 합니다.
- 소정의 고료 지급합니다.

연락처 02-701-2341   poet-h@naver.com
서울시 종로구 계동길 41번지
현대시학사 《시인하우스》

현대시학시인선 &
기획시인선 출간 안내

 격월간지 《현대시학》은 53년 전통의 시전문지로서 문학적 자존심을 기켜내는 시인들을 위해 문지방을 낮추고 변별성 있는 시집을 제작하고 있습니다.
 시의 개혁을 꿈꾸는 젊은 시인들로부터 원로시인들에 이르기까지 각 시인들의 개성에 맞는 시집을 출간하니 언제고 응모해주시기를 바랍니다. 예술적 열정이 뜨거운 시인들을 환영합니다.

부문
- 현대시학시인선 시집 한 권 분량 원고
- 현대시학 기획시인선 시집 한 권 분량 원고
- 심사 후 통보

기한
- 상시

투고처 02-701-2341   hdsh69@hanmail.net
서울시 종로구 계동길 41번지

시인하우스 2024 상반기 Vol.01

발행일	2024년 5월 15일
발행인·편집인	전기화
부주간	나금숙 장수철
편집장	조은솔
편집위원	이종성 한소운 표규현 채종국
	조희진 한정순 김옥경
기획위원	서영택 김진돈 박재화 동시영
	김계영 곽인숙
발행처	현대시학사
등록일	1969년 1월 21일
등록번호	종로 라 00079호
주 소	서울시 종로구 계동길 41
전 화	02-701-2341
이메일	poet-h @naver.com
배포처	(주)명문사 02-319-8663
ISBN	979-11-93615-55-3 03810

- 책값은 뒤표지에 있습니다.
- 이 책의 판권은 지은이와 현대시학사에 있습니다.
- 이 책 내용의 전부 또는 일부를 재사용하려면 반드시 양측의 서면 동의를 받아야 합니다.
- 잘못 만들어진 책은 구입하신 서점에서 교환해 드립니다.